本书得到教育部人文社会科学研究规划基金项目
"基于社交媒体的证券市场谣言信息识别与治理研究"(19YJA630110) 资助

基于社交媒体的证券市场
谣言信息识别与治理研究

JIYU SHEJIAO MEITI DE ZHENGQUAN SHICHANG
YAOYAN XINXI SHIBIE YU ZHILI YANJIU

张华◎著

四川大学出版社
SICHUAN UNIVERSITY PRESS

项目策划：梁　平
责任编辑：梁　平
责任校对：傅　奕
封面设计：璞信文化
责任印制：王　炜

图书在版编目（CIP）数据

基于社交媒体的证券市场谣言信息识别与治理研究 /
张华著 . — 成都：四川大学出版社，2021.11
　　ISBN 978-7-5690-5111-7

　　Ⅰ . ①基… Ⅱ . ①张… Ⅲ . ①证券市场－传播媒介－
谣言－自动识别－研究 Ⅳ . ① F830.91

中国版本图书馆 CIP 数据核字（2021）第 214103 号

书名	基于社交媒体的证券市场谣言信息识别与治理研究
著　　者	张　华
出　　版	四川大学出版社
地　　址	成都市一环路南一段 24 号（610065）
发　　行	四川大学出版社
书　　号	ISBN 978-7-5690-5111-7
印前制作	四川胜翔数码印务设计有限公司
印　　刷	郫县犀浦印刷厂
成品尺寸	148mm×210mm
印　　张	7.875
字　　数	213 千字
版　　次	2021 年 11 月第 1 版
印　　次	2021 年 11 月第 1 次印刷
定　　价	58.00 元

前　　言

　　"十四五"时期，经济社会发展以推动"高质量发展"为主题，证券市场是经济体系的重要部分，其稳定运行是金融稳定和国民经济持续健康发展的重要基础。2016 年我国证券市场的"熔断机制"风波暴露出我国证券监管机构对证券市场波动的影响因素及运动规律认识还存在不足，这与高质量发展还有一定差距。"熔断机制"风波中社交媒体弥漫着不少谣言信息，投资者信心受到打击，集体减仓，在磁吸效应的助推下，投资者做出恐慌性抛售行为，给中国证券市场带来了剧烈震荡。智慧治理紧随云计算、大数据、人工智能与互联网技术发展而形成，是国家治理现代化模式变革的必然选择与国家治理现代化水平提升的源头驱动。以"智慧之眼"捕获社交媒体谣言，彻底有效治理难以掌控的证券市场舆论风潮，为金融稳定及社会经济健康稳定运行提供重要保障，已成为一项既重要又紧迫的课题。

　　目前关于谣言对证券市场影响的研究，大部分都是基于小样本或传统新闻媒体中传播的谣言，对互联网中的"小道消息"鲜有涉及。本书以大数据智慧治理的视角，采用智能信息处理技术，从互联网社交媒体信息渠道中抓爬文本信息、自动辨识并搜集证券市场的谣言，对我国证券市场社交媒体谣言现状做了一次较为全面的梳理。同时，根据统计学指数原理将社交媒体谣言予以量化（IFFRI），借助 IFFRI 建模分析其对证券市场的影响，探索性地提出搭建"财经网络谣言监测分析平台"（RMAP），剖析社交媒体谣言发布、传播和吸收对我国证券市场各方影响的作用机理，并提出辅助政策建议。

本书从大数据智慧治理的视角，基于互联网社交媒体海量信息，沿着"社交媒体谣言—投资者情绪—证券市场波动—金融风险"的逻辑主线，研究了社交媒体谣言对证券市场的影响，主要研究内容包括以下四个方面：

第一，实现对社会媒体谣言的自动辨识。本书通过网络爬虫，采用金融智能技术实现基于社交媒体谣言的自动辨识，为进一步探索机器学习与财经领域的深度结合做出了有益尝试，为研究社交媒体谣言与证券市场的关联关系积累了大量数据和经验。首次较为全面深入地刻画了我国证券市场社交媒体谣言的现状及特征，从情感极性分布、所涉交易所分布、板块间分布、行业间分布、上市公司集中度、发布时间分布、发布者特征分布、阅读量与跟帖量分布等八个方面予以了详细描述，为证券市场参与各方提供了重要参考依据，具有较好的实践意义。

第二，实现对社交媒体谣言的量化。本书通过构造网络财经论坛谣言指数（IFFRI），用于综合测定社交媒体谣言变动的方向与程度，能较好刻画大数据时代中国证券市场投资者在社交媒体谣言作用下的情绪特征及其对证券市场的潜在影响趋势，为进一步分析社交媒体谣言对证券市场的影响提供重要的投资者情绪变量。网络财经论坛谣言指数（IFFRI）较为客观综合地反映了"社交媒体谣言"这一现象的总体变动程度和方向，较好地刻画了中国证券市场投资者在社交媒体谣言作用下的情绪特征，及其对证券市场的潜在影响趋势。IFFRI 指数计算简便、直观易懂，通过描述性统计可以看出，IFFRI 对中国证券市场的影响趋势具有较好的解释能力，较为全面、及时、准确地揭示了社交媒体谣言对证券市场影响的联动性，是值得证券市场各参与方关注的参考指数，也是较为适合作为衡量证券市场投资者情绪的指数。

第三，全面捕捉了社交媒体谣言对证券市场的影响。本书借助网络财经论坛谣言指数（IFFRI），通过使用 VAR 模型建模分析社交媒体谣言对证券市场收益率的影响，使用 GARCH 模型建模分析社交媒体谣言对证券市场波动率的影响情况，为理性洞察社交媒体谣言的市场表现提供较为有效的方法与思路。实证结论显示，社交媒体谣言对证券市场收益率总体存在影响，且存在提前和滞后影响；社交媒体谣言对证券市场波动率总体存在影响，且同样存在提前和滞后影响；从社交媒体谣言对证券市场收益率与波动率影响的不同阶段来看，牛市比熊市均更为显著，社交媒体谣言效应出现的时段也恰好相反。该章的实证分析印证了社交媒体谣言在"社交媒体谣言—投资者情绪—证券市场波动—金融风险"链条上的传导与放大效应，且极有可能进一步引发市场恐慌，最终给金融系统带来灾难性的风险。因此，也证实了大数据背景下社交媒体谣言对证券市场影响研究的具有重大的现实意义。

第四，创新了基于社交媒体谣言的证券市场各方策略建议。本书创新性地提出构建财经网络谣言监测分析平台（RMAP）这一设想。监管机构可借此综观社交媒体谣言形势及其可能形成的系统性影响力，从而采取干预措施和风险预警；上市公司可利用平台权威性降低谣言澄清成本，提升应对社交媒体谣言的响应速度；投资者凭借平台优势可获取正确的投资参考信息，实现较大程度的价值投资。

目　　录

1

1　概　论

1.1　问题的提出

1.1.1　选题背景

从 20 世纪 80 年代我国第一家公司正式向社会公开发行股票开始，到如今我国证券市场已经走过近 40 年的发展历程，成为全球股市最重要的市场之一。我国证券市场为企业开辟了丰富的投融资渠道，促进企业实现资源最佳配置，也为广大投资者提供了重要的投资渠道，是中国金融体系不可或缺的成员之一，是宏观经济天然的调节器。股份制模式也因此成为我国企业最基本的组织形式。但我国证券市场尚不成熟，体制机制不够完善，较发达市场仍有差距，且证券市场作为直接融资渠道，不同于银行业等间接融资体系，在应对风险时的缓冲机制和调控手段相对较弱，一旦市场发生大幅波动，其影响速度、破坏力以及对市场信心和金融体系造成的冲击程度都是难以估计的。因此，证券市场的稳定运行无疑是我国金融稳定的重要组成部分，更是国民经济持续健康发展的重要基础。

2016 年，我国证券市场正式施行了"熔断机制"（Circuit Breaker），为了降低股票交易风险，规定了股票单日价格波动幅度区间，一旦成交价格触及上下限，交易自动中断，交易所将采取暂停市场交易的措施。"熔断机制"制定的初衷是为金融市场在发生剧烈震荡时提供一个"缓冲器"，在涨跌停板制度启用前设置一道过渡性阀门，给狂热的市场一个冷却期，给投资者一个调整风险预期的空间，并为相关各方采取风险控制措施留足时间，以此控制风险和减少市场波动，帮助市场降温，防止恐慌情绪蔓延导致市场产生更大的波动。然而在该机制实施的 7 天内，两次触发 7% 熔断阈值，引发股市提前收盘，甚至 1 月 7 日股市的总交易时间只持续了约 30 分钟。由于"熔断机制"具有"磁吸效应"，即股票价格将要触发强制措施时，同方向的投资者因怕流动性丧失而进行抢先交易，反方向的投资者则为等待更好的价格而故意延后交易，从而造成股指加速触碰熔断阈值，产生助跌作用。为此，中国证券监管机构宣布从 2016 年 1 月 8 日起暂停实施"熔断机制"。从短短几天的熔断机制风波中可以看出，我国证券监管机构对证券市场波动影响因素和运动规律的认识还严重不足。

证券市场的稳定通常被诠释为证券价格围绕宏观经济和企业基本面信息[①]在一定范围内较小波动。无论是传统金融学中基于市场对信息吸收能力的"有效市场假说"（Efficient Markets Hypothesis，EMH）还是近代行为金融学中信息对投资者心理影响的"非理性投资者"学说，都认同证券市场的波动与媒体关于资本信息的发布、传播和吸收是紧密相关的（De Long et al.，1990；Fama，1965；Rechenthin and Street，2013）。

---

① 企业基本面信息包括财务状况、盈利状况、市场占有率、经营管理体制、人才结构等方面。

　　人类曾经以采集食物为生，而如今又要重新以采集信息为生（Marshall McLuhan，1964）。信息已经成为整个世界运行所仰赖的血液、食物和生命力，它渗透到各个领域，不断改变着原有面貌（James Gleick，2011）。互联网的出现是人类通信技术的重大革命，海量的信息内容和极速的传播方式，使互联网媒体对证券市场产生了举足轻重的影响。随着 Web2.0 技术的兴起，互联网也从一个简单的信息发布平台演变为社交媒体的主要载体，继而发展为一个交互式的信息发布、共享、交流与协作的社会化网络（Berners-Lee et al.，2006）。

　　在互联网社交媒体中，每个人既是信息的发布者（传递者），也是受众，信息传播速度呈几何倍数增长。在 2016 年初的证券市场熔断机制风波中，大量关于"人民币汇率贬值""大批限售即将解禁""地缘政治不稳定""国内资本海外转移"等谣言消息通过互联网迅速传播，导致投资者信心减弱并集体减仓，在"熔断机制"的"磁吸效应"影响下，引发了投资者的恐慌性抛盘。早在 1996 年，中国证监会就发文要求上市公司及时辟谣，辟谣的主要方式为上市公司发布澄清公告，并且证监会建立了新闻发言人制度，及时应对市场中的种种谣言。但谣言"澄而不清"的现象依然普遍存在，投资者尤其是个人投资者在面对谣言时，往往"宁可信其有"。只要市场非有效、造谣能牟利、投资者行为偏离理性等市场现象持续存在，谣言信息就会"野火烧不尽，春风吹又生"。

　　互联网社交媒体对证券市场的来说是一把双刃剑。一方面，其广泛自由的信息传播能力有利于减少市场参与者的信息不对称①，提高证券市场的有效性，维护金融市场稳定；另一方面，违规、片面或者未经证实信息的流传，往往会对股价形成冲击，使其脱实向虚，并且会严重影响市场各参与方对市场信息透明度与真实度的信心，造成证券市场融资能力的下降与社会资源的错配。例如，2016 年 2 月 24 日的一则社交媒体谣言"3 月 1 日起创业板将全面停止审核，后续按注册制实施"，该谣言直接导致次日股市暴跌超过 6%，两市再现千股跌停。后经查实为造谣者混淆是非，通过创业板停止审核的无稽之谈来误导投资者。可见，互联网已经成为影响证券市场稳定的重要"风险源"。谣言在"羊群效应"的助推下，作为重要的外生性金融风险，极有可能引发投资者信心崩溃，使金融风险进一步扩大，不仅破坏金融系统本身，还可能形成社会动荡。因此，如何基于互联网海量信息探寻社交媒体谣言对证券市场影响的作用机理，以便更加全面客观认识我国社交媒体谣言的真实面貌，以及为投资者、上市公司、中介机构和监管部门提供决策依据，已成为一项既重要又紧迫的课题。

社交媒体谣言对证券市场冲击的作用机理可以概括为"社交媒体谣言—投资者情绪—证券市场波动—金融风险"这一影响链条。证券市场价格及波动受到基于信息发布、信息传播速度和公众接受程度的投资者情绪的影响。随着社会化媒体数量和速度的几何倍数增长，Web 信息对股票市场的影响变得越来越突出，社交媒体谣言是否能被全面准确的辨识，取决于社交媒体谣言渠道的选取、谣言文本信息的识别技术以及对谣言内容情感极性的判断。只有做到信息来源合理、识别技术有效、情感极性判断准

---

① 信息不对称也称不对称信息，指在人类活动中，一些成员拥有其他成员无法拥有的信息，继而形成信息在全社会成员之间的分布不均衡。本书所指的信息不对称，是指相互对应的市场参与者之间，某些事件的知识或概率不呈对称分布，这种非对称性源自人们获取信息能力的非对称（Stiglitz，1976）。

确，才能全面客观地辨识社交媒体谣言和正确反馈投资者情绪，也才能正确认识社交媒体谣言对证券市场的影响程度。

目前，关于谣言对证券市场影响的研究，在选取谣言信息的渠道上，要么集中于对小样本谣言的研究，要么集中于对传统新闻媒体的研究，对谣言信息的选取渠道仍偏狭窄，对互联网社交媒体的"小道消息"鲜有涉及，基于大数据视角研究互联网海量谣言信息的研究更是少之又少。因此，迄今为止的研究还没有做到较为全面、清晰地反映我国证券市场谣言信息的全貌。同时，在识别技术上，主要还是通过人工手动方式获取谣言信息，并基于特定谣言事件开展研究，需要耗费大量的人力和时间，准确率还不一定理想。在确定谣言信息之后，进行情感极性的判断则更为困难，因为往往需要人工甄别，判断结果受到人为主观因素影响的概率很大，极有可能出现误判，从而影响研究结论。

近年来，随着互联网技术的发展与多学科交叉融合程度的加深，越来越多的研究者采用基于社交媒体大数据的海量样本研究媒体对证券市场的影响。最引人注目的是关于媒体感知股票波动的研究（Bollen et al.，2011），它揭示了 Twitter 对股票波动影响的可预测性。Zhang et al.（2010）通过提取网络新闻、博客和微博的情绪，认为投资者是具有情绪导向的股票交易者。Luo et al.（2013）发现网络博客和消费者评级是企业股权价值的重要先导指标。Yang et al.（2015）通过提取有影响力的金融 Twitter 用户情绪去预测证券市场，发现其效果比基于一般的社会情绪分析效果更为显著。同时，来自基于论坛的研究显示出更为强有力的证据。在像雅虎财经、新浪财经和东方财富网等这样的金融论坛上，投资者可以自由发表对股票发展趋势的意见，其他人也可以通过评论或投票表达他们的支持或异议（Das and Chen，2007），这是关于股票波动与公众对论坛情绪之间内在关联的最早研究。与此同时，Sehgal and Song（2007）揭示了股票的表现与投资者在雅虎财经论坛上的情绪是密切相关的。Jiang and Liang（2014）进一步证实，金融危机影响了雅虎财经论坛的主题，不同的利益相关者群体对股市波动有明显影响。Wang et al.（2014）从东方财富网和新浪财经论坛中获得的个别公司的公众情绪发现，公众情绪和金融新闻的结合可能是分析股票趋势的一个很好的指标。Nguyen et al.（2015）同时也发现，通过雅虎财经论坛情绪分析预测股票走势，比仅仅使用历史价格模型预测具有更好性能。可见，随着互联网媒体的兴起和信息技术的发展，信息存储与处理技术的成熟，大数据的处理成为可能，越来越多的研究者开始尝试利用大数据探析媒体与证券市场的关联。同样，社交媒体谣言作为重要的媒体信息，研究其对证券市场的影响，也已经不能简单满足于传统新闻媒体谣言或者小样本数据，必须结合互联网社交媒体，以大数据的视角，开展海量数据研究，才能及时、全面、准确反映谣言对证券市场的影响。

同时，研究者越来越多地开始采用人工智能的方法辨识媒体信息。Wuthrich et al.（1998）使用来自媒体信息的全词形成词向量。Schumaker et al.（2009）发现使用一些词，特别是专有名词，对于分析媒体信息有更好的性能。Tetlock et al.（2008）根据文档中的正负情感词的部分来测量文章的正负情绪极性。Schumaker et al.（2012）利用文档级情绪分析器 Opinion Finder 来计算每篇新闻文章的情绪指数，发现它明显提高了预测精度。Q. Li et al.（2014a）发现，如果使用名词、形容词和金融情绪词汇，可以获得更好的分析结果。而最新的研究成果是利用句子的语法结构来表示新闻文章（Ding et al.，2014）。可见，随着人工智能技术的飞速发展，短时间内可以处理 TB 级信息的能力增强，并能够从 Web 媒体中及时提取海量有价值且准确的信息。因此，利用计算机科学中先进的捕捉和分析技术，研究强大的谣言自动辨识技术，探析谣言在互联网社交媒体中的影响机制至关重要，这可使较为精确地捕捉社交媒体谣言与股市波动间的隐藏关系成为可能。

综上所述，在 Web3.0 以及大数据时代的背景下，现有的研究存在两点不足：一是停留于研究具有代表性的"小样本"谣言，难以体现媒体信息的海量性与丰富性；二是基于代表性事件通过计数方式表示谣言的研究，难以体现媒体信息的全貌性与时效性。

针对第一个不足，本书利用编写的定向网络抓爬器，首次成功搜集抓取了东方财富网"股吧"论坛的全部现存信息（截至2016 年底），共计 3780 万条，解决了针对海量网络论坛文本信息的大数据抓爬难题，并将其抓爬结果作为进一步研究中国股市论坛的重要数据库，本书也将基于此展开社交媒体谣言对证券市场影响的分析。同时，本书首次采用机器学习（SVM）的方法，提出了自动辨识社交媒体谣言的技术路线，通过实验测评，其综合分类率较好。SVM 分类器性能可靠，能够较好实现对网络论坛这一社交媒体谣言信息的自动辨识。基于上述基础，本书首次较为全面清晰的呈现了我国证券市场社交媒体谣言的现状，从情感极性分布、所涉交易所分布、板块间分布、行业间分布、上市公司集中度、发布时间分布、发布者特征分布、阅读量与跟帖量分布等八个方面予以了详细描述，对投资者、上市公司、中介机构以及监管部门等市场有关各方具有一定的参考价值。

针对第二个不足，本书依据统计学指数构造原理，基于"社交媒体谣言关注度（AR）""社交媒体谣言所涉上市公司（MC）"以及"网络谣言情感极性（SP）"三者的有机结合，首次构建了网络财经论坛谣言指数（Internet Financial Forum rumor index，IFFRI），是用以综合测定社交媒体谣言变动的相对数。IFFRI指数克服了基于事件研究法的单点式计数的研究缺陷，可以充分采集大数据时代互联网社交媒体海量信息，具有全貌性和时效性

特征,全面客观反映"社交媒体谣言"这一客观现象的总体变动
方向与程度,较好地刻画出中国证券市场投资者在社交媒体谣言
作用下的情绪特征及对证券市场的潜在影响状况。IFFRI 指数对
中国证券市场趋势具有较好的解释能力,较为全面、及时、准确
地揭示了社交媒体谣言与证券市场的联动性,是值得证券市场各
方关注的参考指数,也是较为适合作为衡量证券市场投资者情绪
的指数之一。

同时,本书还进一步借助 IFFRI 指数,就社交媒体谣言对
证券市场的影响进行了实证分析。通过使用 VAR 模型和
GARCH 模型,分析了社交媒体谣言对证券市场收益率、波动率
均存在的影响。并就研究结论,基于我国社交媒体谣言现状及其
对证券市场的影响状况,探索性地提出了通过搭建"财经网络谣
言监测分析平台"(RMAP),剖析了社交媒体谣言发布、传播和
吸收对我国证券市场各方影响的作用机理,从投资者、上市公
司、中介机构以及监管机构四个不同视角分别给出了政策建议。

1.1.2 研究意义

1. 理论意义

本研究的理论意义在于实现了基于大数据的社交媒体谣言的
自动辨识,及其量化。

第一,实现了对社交媒体谣言的自动辨识。

社交媒体谣言具有的"模糊性、非官方性、广为流传性和新
闻性"特征,使得其不易被辨识,它与事实共存,严重影响着有
限理性的投资者辨识其真伪。已有的研究主要是通过事件研究法
即通过正规渠道的辟谣信息,逆向获取谣言信息,对谣言信息尤
其是论坛等大数据平台的谣言信息准确、全面、快速地获取仍有
较大不足,导致投资者、上市公司、中介机构以及监管部门不能

及时、全面、有效地辨识社交媒体谣言，给决策带来偏差，给证券市场发展带来不稳定因素，给国家金融安全带来隐患，对社交媒体谣言辨识技术的研究显得重要而紧迫。本书通过网络爬虫，采用支持向量机（SVM）实现了基于大数据的社交媒体谣言的自动辨识，为进一步探索机器学习与财经领域的深度结合做出了有益尝试，为研究社交媒体谣言与证券市场的关联关系积累了大量数据和经验。

第二，实现了对社交媒体谣言的量化。

由于事件研究法忽略了谣言信息内含的投资者情绪程度与方向，只有通过量化谣言，才能准确反映投资者情绪。而要量化社交媒体谣言，必须追踪一段时间内"社交媒体谣言"这一变量的变化情况，测定不能直接相加和不能直接对比的"社交媒体谣言"的动态。本书采用统计学指数构造方法，通过构造"网络财经论坛谣言指数"，用于综合测定社交媒体谣言变动的方向与程度，较好刻画了大数据时代中国证券市场投资者在社交媒体谣言作用下的情绪特征，及其对证券市场的潜在影响趋势，为进一步分析社交媒体谣言对证券市场的影响提供了重要的投资者情绪变量。

2. 现实意义

本研究的现实意义在于大数据背景下，社交媒体谣言的获取方法得到了改进，社交媒体谣言对证券市场的影响情况得到了更为全面的捕捉，基于社交媒体谣言的证券市场各方策略建议得到了创新。

第一，包含网络谣言在内的社交媒体信息的获取方法得到了改进。

大数据时代，海量的信息内容和极速的传播方式使互联网媒体对证券市场产生了举足轻重的影响。谣言对证券市场的影响研究方面，Rose（1951）通过对手工搜集的两个年度的样本分析最早提出来；Davies and Canes（1978）对《华尔街日报》的《市场传言》栏目进行了分析；Clarkson、Joyce and Tutticcci（2006）通过手工搜集论坛谣言研究了股市显著异常收益；赵静梅、何欣、吴风云（2010）通过官方辟谣公告研究了谣言效应。目前研究基本上仅针对新闻媒体中传播的谣言，面对互联网媒体中论坛、博客等"小道消息"鲜有涉及。本书通过爬虫程序，首次实现了基于计算机程序抓爬千万量级的海量网络信息，并基于此自动辨识出了数十万条网络谣言。

第二，社交媒体谣言对证券市场的影响情况得到更为全面的捕捉。

网络谣言与生俱来的不确定性，通过论坛传递给投资者，触发投资者情绪，驱动投资者行为，加之"羊群效应"的催化，在投资者中加速蔓延传播。当这种趋势达到某种程度或规模时，投资者的非理性行为将可能对证券市场产生剧烈的外生性风险（马经，2003）。"网络谣言与证券市场波动"相互影响和强化，极有可能进一步传导给整个金融业，导致系统性金融风险和社会动荡。为此，本书借助财经网络谣言指数（IFFRI），通过使用VAR模型建模分析了社交媒体谣言对证券市场收益率的影响，使用GARCH模型建模分析了社交媒体谣言对证券市场波动率的影响情况，为理性观察社交媒体谣言的市场表现提供了较为有效的方法与思路。

第三，基于社交媒体谣言的证券市场各方策略建议的创新。

本书创新性地提出了构建"财经网络谣言监测分析平台"（RMAP）的这一设想，基于本书的研究成果，实现对现有主流媒体平台谣言信息的抓爬与自动辨识、分析、预测及辟谣提示等功能。监管机构可借此综观社交媒体谣言形势及其可能形成的系统性影响力，从而采取干预措施和风险预警；中介机构可借助平台反馈结果，更好地发挥市场信息润滑作用，优化投资者服务；

上市公司可利用平台权威性降低谣言澄清成本，提升应对网络谣言时的响应速率；投资者凭借平台优势可获取正确的投资参考信息，实现较大程度的价值投资。RMAP 设想的提出，值得我国证券市场管理者与实践者们积极探索、尝试与论证。

1.2　研究思路与结构

大数据时代，基于互联网海量信息研究网络谣言在内的社交媒体对证券市场的影响，为证券市场各方提供有价值的决策依据，已成为当前一项既重要又紧迫的难题。本书按照"提出问题—分析问题—解决问题"的研究思路，将社交媒体谣言对证券市场冲击的作用机理概括为"社交媒体谣言—投资者情绪—证券市场波动—金融风险"这一影响链条，这也是本书研究的"逻辑主线"。首先，从理论上厘清"逻辑主线"中社交媒体谣言对金融稳定产生的隐患，全面清晰地理解网络谣言给金融稳定带来的传导作用和潜在冲击，这是本书的理论基础和研究意义所在。其次，逐一分析"逻辑主线"中的其他要素的依存性，全面刻画我国证券市场网络谣言的现状，通过构造网络财经谣言指数（IFFRI），梳理"社交媒体谣言与投资者情绪""投资者情绪与证券市场波动"的内在作用机理，实证分析社交媒体谣言对证券市场收益率与波动率的影响情况。最后，基于对"逻辑主线"各个要素的梳理，探索性地构造"财经网络谣言监测分析平台"（RMAP），剖析网络谣言对证券市场各方影响的作用机理，并为其（投资者、上市公司、中介机构和监管机构四个角度）提供辅助决策建议。

根据研究思路，本书研究的逻辑结构如图 1—1。

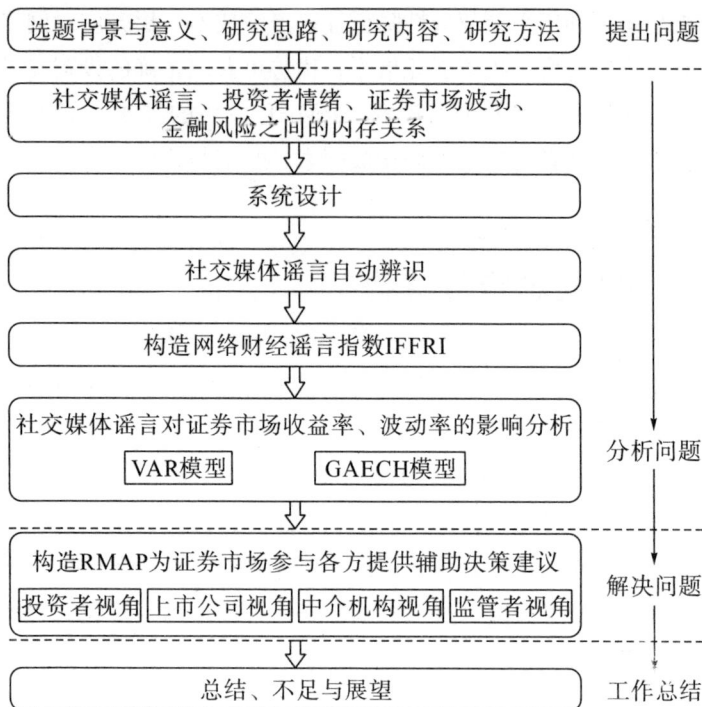

图1-1 本书逻辑结构图

依据逻辑结构，本书共分为8章，简要介绍如下：

第1章，概论：主要介绍本书的选题背景、研究意义、研究思路及结构安排、研究方法与可能的创新等。

第2章，相关研究与文献回顾：按照"社交媒体谣言—投资者情绪—证券市场波动—金融风险"这个"逻辑主线"，从"谣言信息与金融风险""谣言信息与投资者情绪""投资者情绪与证券市场"三个方面回顾梳理相关文献与研究现状。"逻辑主线"中涉及的各要素及其理论与应用方法将被梳理清楚，为本书后续研究提供重要理论基础和依据。

第3章，研究框架与关键技术：为确保文章逻辑严密、模块完整、技术规范，达到预期研究目的，依据研究逻辑，制定本书逻辑模块、实施步骤与流程，明确文章层次结构，为本书顺利推进提供控制流程保障。

第4章，基于社交媒体的证券市场谣言信息的识别：面对大数据时代海量的网络论坛数据，运用计算机技术实现对网络海量论坛数据的抓爬；首次利用智能化技术，实现社交媒体谣言的自动辨识。首次较为全面深入地刻画我国证券市场"社交媒体谣言"的现状及特征，从八个方面予以描述，为证券市场参与各方提供重要参考。

第5章，社交媒体谣言信息量化研究：通过"社交媒体谣言关注度（AR）""社交媒体谣言所涉上市公司（MC）"以及"社交媒体谣言情感极性（SP）"三者的有机结合，利用指数构造方法，首次构造网络财经谣言指数（IFFRI），客观综合地反映"社交媒体谣言"总体变动程度与方向，揭示"社交媒体谣言与证券市场"的联动性。

第6章，社交媒体谣言对证券市场关联的分析模型研究：通过使用计量经济学经典模型（VAR模型和GARCH模型），实证分析社交媒体谣言对证券市场收益率、波动率的影响情况。通过实证分析印证"社交媒体谣言—投资者情绪—证券市场波动—金融风险"的传导作用。

第7章，基于社交媒体的证券市场媒体治理策略：通过搭建"财经网络谣言监测分析平台"（RMAP），从证券市场各方不同视角，剖析社交媒体谣言发布、传播和吸收对证券市场各方影响的作用机理，给出辅助策略建议。

第8章，研究结论与总结：对本书研究进行总结，分析并反思研究不足之处、制订下一步研究计划，展望该领域研究热点与方向。

1.3 研究方法与创新

1.3.1 研究方法

本书的研究涉及管理学、金融学、心理学、计算机科学等领域，使用了多种研究方法。

1. 文献分析法

本书通过搜集、鉴别、整理研究内容所涉及的文献，寻找、评估和综合研究者已完成和有记录的工作，系统、明细地再现了已有的研究成果。通过文献分析，归纳总结了"社交媒体谣言—投资者情绪—证券市场波动—金融风险"这个"逻辑主线"三个领域的相关文献，梳理清楚了"逻辑主线"中所涉及各要素及其相关理论与应用方法，为本书研究奠定了重要的理论基础。

2. 统计分析法

本书通过运用统计学指数构造理论，基于社交媒体谣言在时间变动和空间对比中的相对数，构造了网络财经谣言指数（IFFRI），符合统计学指数的广义属性。同时，通过描述性统计、因子分析、相关性分析以及综合评价等多种统计分析方法，首次全面清晰地刻画了我国证券市场社交媒体谣言的现状，为实证研究提供了重要的社交媒体谣言变量。

3. 信息研究法

一是本书通过计算机科学技术，采用了抓取速度快、准确率高的火车抓爬器（开源网络爬虫），进行适应性调制，编写了网络爬虫，将东方财富网网页下载到本地形成一个内容镜像备份，满足了本书对网络论坛信息抓爬的要求。二是采用机器学习方法（SVM），首次提出了自动辨识网络论坛谣言的技术，通过实验测评，其综合分类率较好。SVM 分类器性能可靠，能较好地实现对东方财富网"股吧"论坛谣言信息的自动辨识，为探索机器学习与财经领域的深度结合做了有益尝试，为研究社交媒体谣言对证券市场的影响积累了大量数据和经验。

4．实证研究法

本书使用了计量经济学经典模型建模分析的方法。借助"VAR 模型"建模分析了社交媒体谣言对证券市场收益率存在的影响，使用"GARCH 模型"建模分析了社交媒体谣言对证券市场波动率影响的情况。实证研究结论对我国证券市场防范风险研究有着重要启示。

5．归纳总结法

本书基于研究结论，通过归纳、分析与总结，将社交媒体谣言对证券市场影响的策略建议系统化、理论化，探索性地提出了搭建"财经网络谣言监测分析平台"（RMAP），从不同视角剖析社交媒体谣言对我国证券市场各方影响的作用机理，并进一步给出辅助策略建议。

1.3.2　本书的创新

本书将管理学、行为金融学、统计学、计算机科学、机器学习方法以及计量经济学融为一体，基于"社交媒体谣言—投资者情绪—证券市场波动—金融风险"的研究主线，较为全面清晰地刻画了我国证券市场社交媒体谣言的现状，构建了网络财经谣言指数（IFFRI），通过计量经济学建模技术实证了社交媒体谣言对证券市场的影响，探索性搭建了"财经网络谣言监测分析平台"（RMAP），从证券市场各方的不同视角给出了政策建议。本书的创新有如下几项。

1. 从大数据视角研究了社交媒体谣言信息对证券市场的影响

现有研究大多停留在传统新闻媒体或对特定谣言的事件研究上，本书从互联网社交媒体海量谣言信息的视角进行研究，较为全面清晰地刻画了我国证券市场社交媒体谣言的现状，为证券市场的参与各方提供了重要的参考依据，实现了研究互联网海量谣言信息的可能。通过研究，本书从八个维度首次较为全面清晰地刻画了我国证券市场"社交媒体谣言"的现状及特征，为我国证券市场各方提供了重要参考，具有较好的实践意义。

2. 实现了对社交媒体谣言信息的识别

本书通过网络爬虫程序成功抓爬了东方财富网"股吧"论坛文本信息 3780 万条，解决了针对大数据时代海量网络论坛文本信息的抓爬难题。采用机器学习方法（SVM），提出了自动辨识网络论坛谣言的技术线路，通过实验测评，其综合分类率较好。SVM 分类器性能可靠，能实现对东方财富网"股吧"论坛谣言信息的自动辨识，识别出谣言 43 万条，为研究社交媒体谣言对证券市场的影响积累了大量基础数据。

3. 构造了网络财经谣言指数（IFFRI）

本书通过统计学指数构造原理，首次通过构造网络财经谣言指数（IFFRI），综合反映了"社交媒体谣言"这一现象的总体变动程度与方向，较为全面、及时和准确地揭示了"社交媒体谣言与证券市场"的联动性，成为"社交媒体谣言与证券市场"关联关系的重要解释变量。

4. 提出搭建"财经网络谣言监测分析平台"（RMAP）

基于研究结论与成果，本书首次提出搭建"财经网络谣言监测分析平台"（RMAP），该平台从证券市场各方（投资者、上市公司、中介机构、监管机构）的不同视角，尝试性地给出了辅助策略建议，为社交媒体谣言影响下中国证券市场的稳定与繁荣做了有益探索。

2 相关研究与文献回顾

社交媒体谣言信息对证券市场冲击的作用机理可以概括为"社交媒体谣言—投资者情绪—证券市场波动—金融风险"这一影响链条,这是本书研究的"逻辑主线"。因此,首先,需要从理论上厘清"逻辑主线"中网络谣言对金融稳定产生的隐患,这是本书的理论基础和研究意义所在;其次,逐一分析"逻辑主线"中的其他要素的依存性,梳理"谣言信息与投资者情绪""投资者情绪与证券市场波动"的内在关系;最后,通过对"逻辑主线"各个要素的梳理,全面清晰地理解社交媒体谣言对金融稳定带来的传导作用和潜在冲击,并最终形成的不稳定性因素。因此,本章始终围绕"社交媒体谣言—投资者情绪—证券市场波动—金融风险"的作用机理,回顾社交媒体谣言与金融风险、投资者情绪及其对证券市场影响的研究文献与相关研究。随后,本章评述了文本信息及其情感分类的主要理论及相关文献,为本书进一步研究提供必要的理论基础。

2.1 谣言信息与金融风险

在 2016 年证券市场的熔断机制风波中,大量谣言消息通过互联网迅速传播,导致投资者信心减弱并集体减仓,在熔断机制的磁吸效应影响下，引发了投资者的恐慌性抛盘。可见，社交媒体谣言与传统意义上的谣言存在着较大差异。传统谣言往往是与传谣者有着直接利益关系的少数人处于特定动机而进行制造与传播的；社交媒体谣言则更多表现为与主体间没有直接利益关系的网民共同参与制造与传播的"工具性说法"，其主要是通过论坛、博客等新媒体[①]在陌生人中进行传递并讨论（周裕琼，2012）。社交媒体谣言作为一个全新的"风险源"，已经对我国证券市场稳定以及国家金融安全产生了巨大影响，这也是本书研究的动机之一。

2.1.1 谣言传播与风险传导

《现代汉语词典》[②] 关于谣言的定义为：没有事实根据的消息。《朗文当代高级英语词典》[③] 关于谣言（Rumour[④]）一词的解释也基本一致。虚假并非谣言的判断标准，根本在于其准确性的不可确定性（Fine，2007）。谣言的最根本特征是"未经官方证实"所导致的"似是而非"的模糊性（周裕琼，2012）。Allport and Postman（1947）将"事件的重要性"和"信息的模糊度"作为谣言产生和形成的两个条件得出：

$$R = I \times A \qquad (2.1)$$

其中：R 表示谣言，I 表示重要性，A 表示模糊度。

从公式可以看出，"模糊度"与谣言的扩散范围和影响程度

---

① 新媒体的概念是 1967 年美国哥伦比亚广播公司（CBS）提出的，是指报刊、广播、电视等传统媒体以后发展起来的数字化媒体形态。

② 《现代汉语词典》，第五版，商务印书馆出版。

③ 《朗文当代高级英语词典》，外语教学与研究出版社。

④ Rumour：Information that is passed from one person to another and which may or may not be true，especially about someone's personal life or about an official decision.

呈正比，是形成谣言的主要原因之一。

证券市场的稳定性，广义的定义为股票价格以宏观经济和企业基本面信息为基准，在一定区间内小幅波动。无论是经典金融学中基于市场对信息吸收能力的"有效市场假说"（EMH），还是行为金融学中信息对投资者心理影响的"非理性投资者"学说，都认为"证券市场波动与媒体关于资本信息的发布、传播和吸收是紧密相关的"（De Long et al.，1990；Fama，1965；Rechenthin and Street，2013）。谣言信息是媒体关于资本信息的重要组成部分。证券市场作为重要的资金交易场所，也未曾幸免谣言对其的冲击，股市论坛在互联网的孕育下变成了"满足大众聚集和群众抒发情感需要"的新型公告空间。

风险源于不确定性。谣言与生俱来的"不确定性"就预示着风险的必然性。Furedi（1997）认为随着环境和社会的变迁，危机或波动会给人们带来"失控"感，人们会将其中的某些现象或问题视为对社会整体价值观和利益的破坏，陷入"集体恐慌"，以谣言的形式宣泄而出（Cohen，1972）。Kapferer（2008）认为金融谣言在公众观念里，等于一种神话现象。由于股票交易所是一个封闭的、完全摸不清看不透的世界，谣言加上金钱和资本的味道，就变得更加神秘莫测，金融市场是一个有利于谣言散播的环境。傅佑全（2015）研究了中国证券市场非理性交易与股市暴跌的关系，阐述了非理性投资者面对谣言信息"不确定性"的困惑与执着。可见，证券市场是国家经济的晴雨表，谣言信息不可避免地充斥其间，投资者很难有效识别。

证券市场所受外部冲击分为两类：一是宏观经济和企业基本面不稳定带来的内生性金融风险，二是社会谣言等意外事件带来的外生性金融风险。社会对风险诱因的过度反应形成的外部冲击，是造成外生性金融风险的主要原因。外生性金融风险较内生性金融风险更为难以预测、度量、防范与协调，在某种程度上破坏力更大（马经，2003）。通过梳理文献，本书将谣言引起外生性金融风险的传导过程归纳为图 2-1。

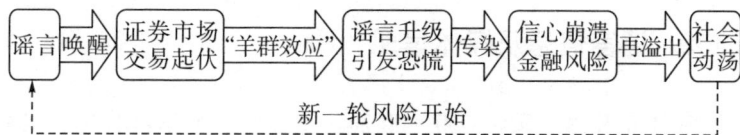

图 2-1 谣言引起外生性金融风险的传导过程

从图 2-1 可以看出，谣言唤醒投资者参与证券市场交易量的起伏波动加大；随着谣言"羊群效应"引发投资者对谣言内容的放大，导致进一步恐慌；由于谣言信息的不确定性，公众宁可相信谣言，相信夸大的风险，谣言的传染性开始爆发，投资者信息崩溃，引发证券市场风险；谣言效应再溢出并强化，金融风险进一步扩大，恶性累积，不仅破坏金融系统本身，最终可能导致社会动荡。

谣言信息助推了证券市场的波动，给国家金融稳定与安全带来了巨大隐患。我国 A 股市场已超 3000 只股票，总市值超 50 万亿元，是全球第二大证券市场。金融市场的稳定与安全不仅是我国重要的民生问题，也是国民经济健康发展的重要基石。十八届六中全会报告指出"要有效防范和化解金融风险隐患"。令人遗憾的是，对"谣言信息对证券市场影响"的研究却严重滞后，对于我国这样经济制度尚不完善、监管机制有所缺失的发展中经济体而言，谣言信息今天刮起的小小"风波"，由于市场中的"蝴蝶效应"与"羊群效应"，在未来极有可能成为冲破金融防线，席卷金融市场的"金融风暴"。因此，研究谣言信息对证券市场的影响具有必要而紧迫的现实意义。

综上，本书基于社交媒体视角对中国证券市场网络谣言现状进行全面描述、量化以及实证分析，从投资者、上市公司、中介机构以及金融监管等四个角度，剖析了社交媒体谣言发布、传播和吸收对证券市场各组成要素和运作机制的影响，并进一步探寻谣言效应与金融稳定机制的优化选择，以维护金融稳定。

2.1.2 谣言信息及媒体呈现

1994 年我国与国际互联网联通，至今经历了 Web1.0（网络互联）、Web2.0（基于社交）以及 Web3.0（基于移动）三个发展阶段，大数据时代悄然而至。CNNIC[①] 统计显示，截至 2016 年底，我国网民规模已经突破 7 亿，是 2005 年的 6.5 倍，普及率 53.2%，超过全球平均水平 3.1%，超过亚洲平均水平 7.6%，仅 2016 年新增网民已经相当于欧洲人口总量。互联网新闻受众的卷入度大幅度提升，互联网舆论的影响力日益增强。CNNIC 报告[②]显示，新闻信息已经从单向被动接受变为双向传输，网民可以在网上表达对新闻事件的观点和看法，舆论参与热情日益高涨，网络新闻的用户规模已达 6.14 亿，人均周网络在线时间 26.4 小时。移动互联网时代社会化程度不断提高，每个用户成了信息发布和传播的重要载体，利用社交媒体和网络社群评论转发特点新闻，表达自身阶层的利益诉求，民间的网络舆论影响力日益增强。伴随着"互联网＋"信息服务进入快速发展阶段，互联网信息服务进一步快速发展，呈现出勃勃生机，互联网逐步成为信息传播的主要介质。

谣言具有"新闻性"，发挥着"替代性新闻"的作用，并总是与时事相关，或者是对刚发生事件的解释（周裕琼，2012）。Kapferer（2008）认为，谣言表达的是由其非官方来源、连续传播过程、与当前某事件相关的内容等三方面因素所决定的一种现象。谣言往往穿插在真实新闻中一并传播，鱼龙混杂，扰乱视

---

① CNNIC：中国互联网络信息中心。
② 2016 中国互联网新闻市场研究报告。

听。随着"互联网+"的推进，谣言如同"媒体新闻"一样，虚拟化、网络化成为其主要的传播方式。本书对近年来国内外涉及的谣言对证券市场影响的代表文献进行了梳理（表2-1）。

表2-1 近年来国内外涉及的谣言对证券市场影响的代表文献

参考文献	标题	期刊
S. R. Das et al. （2007）	Yahoo! for Amazon：Sentiment Extraction from Small Talk on the Web	MANAGE SCI
Schumaker et al. （2008）	Evaluating a News — aware Quantitative Trader：The Effect of Momentum and Contrarian Stock Selection Strategies	J AM SOC INF SCI TEC
C. W. Chen et al. （2009）	Press Coverage and Stock Prices' Deviation From fundamental Value	J FINANC RES
赵静梅、何欣、吴风云等（2010）	中国股市谣言研究：传谣、辟谣机器对股价的冲击	管理世界
Tetlock （2010）	Does Public Financial News Resolve Asymmetric Information	REV FINANC STUD
Bollen et al. （2011）	Twitter Mood Predicts the Stock Market	J COMPUT SCI
G. Birz et al. （2011）	The Effect of Macroeconomic News on Stock Returns：New Evidence from Newspaper Coverage	J BANK & FINANC
Engelberg et al. （2011）	The Causal Impact of Media in Financial Markets	J FINANC
N. Hautsch et al. （2011）	When Machines Read the News：Using Automated Text Analys to Quantify High Frequency News—Implied Market Reactions	J EMPIR FINANC
C. Dougal et al. （2012）	Journalists and the Stock Market	REV FINNAC STUD

续表2-1

参考文献	标题	期刊
D. H. Solomon (2012)	Selective Publicity and Stock Prices	J FINANC
Schumaker et al. (2012)	Evaluating Sentiment in Financial News Articles	DECIS SUPPORT SYST
Alanyali et al. (2013)	Quantifying the Relationship Between Financial news and the Stock Market	SCI REPORTS
X. Li et al. (2014)	News Impact on Stock Price Return Via Sentiment Analysis	KNOWL-BASED SYST
H. Chen et al. (2014)	Wisdom of Crowds: The Value of Stock Opinions Transmitted Through Social Media	REV FINANC STUD
S. H. Kim et al. (2014)	Investor Sentiment From Internet Message Postings and the Predictability of Stock Returns	J ECON BEHAV ORGAN
Q. Li et al. (2014b)	The Effect of News and Public Mood on Stock Movements	INFORM SCIENCES
R. Luss et al. (2015)	Predicting Abnormal Returns from News Using Text Classification	QUANT FINANC
Dimpfl et al. (2016)	Can Internet Search Queries Help to Predict Stock Market Volatility	EUR FINANC MANAG

由表2-1可见，基于互联网渠道谣言的证券市场效应研究成为趋势。互联网已经从信息交换的技术框架演变为更多用户间社交互动的推动者；互联网已经从一个简单的信息发布平台演变为社交媒体的主要载体，发展为一个交互式的信息发布、共享、交流与协作的社会网络（Berners-Lee et al.，2006）。每个人既是信息的发布者（传递者），也是信息的受众，信息以1到 N 的裂变速度进行着广泛传播，这使得互联网媒体的受众和传播速度呈几何增长。互联网为投资者提供了丰富的股票资讯，同时，互

联网渠道的海量谣言信息和极速传播方式，使得互联网渠道的谣言信息对证券市场产生了举足轻重的作用。

互联网渠道有多种媒体传播形式，对如何选取更具代表性的谣言信息样本，做出更为准确全面的分析提出了更高要求，为研究所需的谣言信息的选取渠道提出了较大挑战。根据 CNNIC 报告显示，社交媒体已经成为新闻获取、评论、转发、跳转的重要渠道，已经成为网络舆论的重要源头；社交媒体成为诸多社会热点事件爆发、发酵的源头。通过社交媒体，投资者可以快速获得更有价值和及时的信息。同样，投资者通过参与社交媒体的评论、交流等也将有效地放大谣言信息。本书梳理了近年来通过网络媒体研究证券市场的文献（表 2-2）。

表 2-2　近年来网络媒体研究证券市场的代表文献

类别	文献	关注点			分析模型		
		市场	规模	媒体来源	响应	特征	模型
网络新闻	Tetlock (2007)	DJIA, NYSE	Day	WSJ, Dow Jones Newswires	Return	Emotion word number	Linear model
	Goonatilake et al. (2007)	DJIA, Nasdaq, S&P 500	Day	CNN News, Fox News, Yahoo News, NY Times	Index	News number	Linear model
	Albuquerque et al. (2009)	PSI-20, DJ-30	Day	Bloomberg, MMS, Reuters, IBES	Returns	News/non-News	Linear autoregressive model
	L. Fang et al. (2009)	NYSE, NASDAQ	Month	New York Times, USA Today, Wall Street Journal, Washington Post	Return, Volatility	News coverage	Linear model

续表2-2

类别	文献	关注点			分析模型		
		市场	规模	媒体来源	响应	特征	模型
论坛	S. R. Das et al. (2007)	Morgan Stanley High-Tech Index	Day	Yahoo Finance,	Index, volumes, volatility	Sentiment	Regression model
	Sehgal et al. (2007)	52 listed firms	Day	Yahoo Finance,	Price	Sentiment	Statistical model
	Bollen et al. (2011)	DJIA	Day	Twitter	Index	Past DJIA, emotions	SOFNN
	Q. Li et al. (2014a)	CSI100	Minute	Web news, Sina Finance, Eastmoney Forum,	Stock price	Current price, Partial news terms, social sentiment	SVR
	C. Jiang et al. (2014)	Listed firms	Day	Yahoo Finance,	Price	Sentiment	Linear model
	Nguyen et al. (2015)	18 listed firms	Day	Yahoo Finance,	Price	Sentiment, words	Graphic model
其他社交媒体	W. Zhang et al. (2010)	NYSE	Day	Dailies, Twitter, Spinn3r RSS Feeds, Live Journal blogs	Return, volume	Sentiment	Correlation coefficient
	X. Luo et al. (2013)	NYSE	Day	CNET, Alexa, Google, CRSP, Lexis/Nexis	Return, risk	Rating volume, blog emotion, page view	VARX
	S. Y. Yang et al. (2015)	NYSE, NASDAQ, AMEX	Day	Twitter	Return, volatility	Sentiment	Multivariate Regression Model

可见，随着网络媒体的快速普及，研究人员已经开始大量利用论坛这一新兴媒体类型来捕捉投资者情绪，并探索其量化网络媒体对股票市场影响的潜力。实践证明，论坛为研究人员在金融市场上获取集体意见或智慧提供了一个便捷的渠道。社交媒体中

"论坛"的自我公布机制使其成为收集和反映投资者集体智慧的完美渠道。在像东方财富网、新浪财经、雅虎财经等财经论坛上，投资者可以发表他们对股票未来方向的意见，其他人可以通过评论或投票表达他们的支持或不同意见（S. R. Das et al.，2007），这为研究股票波动与投资者情绪波动之间的关联，奠定了重要的基础文本信息。同时，谣言与生俱来的"非官方[①]性"就预示着其往往产生于网络论坛等公共场所，随着社交媒体的不断丰富，谣言信息以"碎片化"的方式散布在网络论坛中。这也是本书试图通过"互联网股票论坛"获取大数据视角下的谣言信息，并以此为基础研究谣言对证券市场影响的重要原因。

2.1.3 社交媒体谣言与风险激化

对社交媒体谣言的内涵、特征、传播以及影响的研究，一直备受国内外学者关注，社交媒体谣言的传播方式迥异于口口相传，在传播的广度与深度上具有独特性。造谣（传谣）在自然、社会和技术等因素的共同作用下，已成为一种常态化的舆论活动（周裕琼，2012），而证券市场中论坛谣言又是最为主要的呈现形式之一。

谣言在互联网论坛的推动下，较传统谣言呈现如下特点：①传播加快。CNNIC研究显示，互联网时代的传播模式相比传统的纸质媒体时代，呈现出两大特点：一是传播"去中心化"。其主要表现为媒体介质的"去中心化"，传统媒体与新媒体的边界弱化，移动智能设备成为传播主要载体；分发渠道的"去中心化"，内容入口多样化。二是传播的"多层次化"。传播速度呈几何倍数增长，CNNIC报告显示2016年我国已经进入"全民直播

---

① 非官方是指活跃于非正式（民间）话语空间；官方不仅是指政府，也指掌握有权威信息的社会机构或个人（周裕琼，2012）。

时代"。与新闻事件相关的谣言信息同时传送到网络上，网络社群及意见领袖的舆论影响力日渐突出，热点在社交媒体上迅速发酵后，带动新闻网站、传统媒体形成更大的舆论浪潮，最终通过传播形成网络论坛谣言持续的叠加效果。②内容模糊。模糊性是网络谣言最为根本的特征。论坛信息的发布门槛低，把关制度不严，导致论坛信息与事实时常存在偏差，有限理性的投资者缺乏理性思考，以讹传讹，信息的模糊性助长了论坛谣言的蔓延。正如 Fine（2007）认为虚假不是谣言的判定标准，谣言可假也可真，其模糊性根本在于其精确度的不可知。③高度自由。股票论坛是开放自由的交流平台，具有极强的"非官方"性，网民可以不受时限区域的影响，即时发言表达意见和阅读帖子。股票网络论坛总是"非官方"的活跃于非正式（民间）话语空间（周裕琼，2012），平民大众成为谣言的传播主力。④传播完整。论坛谣言通过"眼眼相传"较传统的谣言"口口相传"，其信息内容更为"准确完整"，阅读者仅需通过简单的复制粘贴即可完成谣言信息的转发，并将之不断放大。⑤互动增强。论坛谣言从传统媒介的单向传播转变为双向或多向互动传播，投资者不再只是信息的被动接受者，而是通过论坛的阅读、跟帖等形式，发表自己的观点和立场，信息交叉互动，使论坛成为一个更为开放的信息交流平台，谣言信息的渗透作用和影响力随之增强。

社交媒体谣言的特点致使其较传统谣言更易导致金融风险激化。2016 年 2 月 24 日的一则论坛谣言："自 3 月 1 日起创业板将全面停止审核，后续按注册制实施，主板和中小板暂时未定，择期再做安排。"谣言一出，直接导致 2 月 25 日股市暴跌 6%，两市再现千股跌停。其实 3 月 1 日只是全国人大授权国务院进行注册制改革两年内完成的起始计算日，并非这天实施注册制。造谣者混淆是非，以此谣言误导了投资者。经查，系深圳某证券公司策略师在未经核实的情况下，通过论坛以确定口吻公开转发，对市场产生了严重误导。可以看出，共同的利益诉求是网络谣言传播的根源，这将极大地提高其传播效率；群体依赖性是网络谣言传播的沃土，提高了投资者对其的信任度；网络谣言的新闻价值则是催化剂，能够引发群体传播谣言的热情（赵来军，2016）。

当社交媒体谣言发生时，由于辟谣机制的不完善，会刺激有限理性的投资者焦虑心理与恐慌情绪，使其极易受到谣言的影响，并在网络上快速转发谣言，使得谣言辐射群体在一系列心理因素作用下出现非理性的行为，进而造成金融风险事件频发、经济损失和社会动荡。正是基于此，本书将研究对象落脚在"股票网络论坛"——中国访问量与影响力最大的财经门户网站东方财富网"股吧"论坛，试图首次最为全面准确地反映中国证券市场的社交媒体谣言现状。

2.1.4　谣言信息与金融风险评述

网络谣言的"模糊性""非官方性""广为流传性"和"新闻性"预示了其信息的"不确定性"和影响的"广泛性"。不确定性与风险相生相伴，每当谣言盛行之时，往往也同步催生或伴生群体性、突发性或恶性事件，谣言已经成为当今社会重要的风险源（马凌，2010）。当谣言再与网络融合，传播速度加快，影响范围更广，加之网络所独有的即时性、匿名性、交互性，让谣言具有更强的生命力和影响力。

网络谣言等外部因素是引起外生性金融风险的直接诱因，而外生性金融风险的一个突出表现为"人祸"（马经，2003）。社交媒体谣言的始作俑者是人，造谣者通过制造未经证实的不确定信息，编造出具有很强迷惑度和蛊惑性的内容，投资者不能通过一套成熟的指标体系来予以预测与防范，一旦形成外生性金融风险因素，将会加速传播并放大，进一步触发全面恐慌和社会动荡。

然而，当前我国政府与学界关于谣言对证券市场的影响研究还严重不足。2016 年 1 月，中国证监会实行的"熔断机制"，初衷是通过暂停交易缓冲投资者情绪，防止恐慌情绪蔓延导致市场产生更大波动。然而正式实施仅 4 天，其间各种网络谣言蜂拥而至，两次触发 7％的熔断阈值，引发股市提前收盘。1 月 7 日股市总交易时间仅持续了 30 分钟。中国证监会宣布从 1 月 8 日起暂停实施"熔断机制"。从整个事件风波可以看出，我国证券监管机构对证券市场中谣言信息的及时获取、分析与回应能力还有欠缺，对证券市场波动的影响因素和运动规律认识还严重不足。

在社交媒体不断丰富的今天，网络论坛成为投资者讨论行情的主战场，也成了研究者最为关注的媒体内容的呈现形式。然而，网络谣言暗藏其中，难以寻觅。要保障证券市场健康稳定运行，首先就要全面清晰地刻画社交媒体谣言现状及特点，厘清社交媒体谣言与证券市场的关系，再从源头上预防和控制社交媒体谣言的扩散，才能给证券市场各方提供有价值的决策依据，以此保障证券市场持续健康发展，才能有助于国家金融的长治久安。正是基于此，本书将进一步从社交媒体谣言的视角，试图全面清晰刻画我国证券市场的社交媒体谣言全貌及特点（第 4 章），量化基于谣言信息的投资者情绪（第 5 章）及其与证券市场波动的关联关系（第 6 章），系统解释"社交媒体谣言—投资者情绪—证券市场波动—金融风险"的作用机理。

2.2　谣言信息与投资者情绪

社交媒体谣言的不确定性是引发外生性金融风险的直接诱因，而投资者是社交媒体谣言效应传导过程中的"第一站"，投资者情绪又是投资者在接收到社交媒体谣言后的第一反馈。社交媒体谣言作为"敏感"的"特殊"媒体信息，它如何触发投资者情绪、驱动投资者行为？这成为研究者需要关注的又一个焦点。本节将从心理学、金融学、管理学的角度厘清社交媒体谣言与投资者情绪的潜在机理，为本书"社交媒体谣言—投资者情绪—证券市场波动—金融风险"研究逻辑主线提供必要的理论基础。

2.2.1　投资者情绪的心理学解释

心理学认为，情绪是人与动物所具有的，具有先天性，不学而能，是客观存在的。情绪是个体与环境之间某种关系的维持和改变（Campos，1970），是适应生存和发展的一种重要方式。人的情绪反应受到外界信息的影响，通过情绪了解自身和他人的处境，在人际间具有传递信息、沟通思想的作用，人所体验到的情绪，对社会行为有重大影响（Forgas，1999）。

传统经济学将人视为"理性经济人"，认为投资者根据未来价格预期和风险估计来优化计算其投资决策，不受投资者个人情绪因素的影响。然而，行为金融学则认为，人们对于感知外界的状态具有偏好，情绪受到心理偏差、认知偏差、行为偏差的影响，并将其作为判断事物和自我行为决策的依据，并非如"理性经济人"那样做出"理性"投资判断。

金融与人们生活息息相关，当投资者面临决策时，同样会受到情绪的影响。Delong et al.（1990）将投资者情绪定义为噪音交易者的"错误信念"；Zweig（1973）研究发现投资者的有偏期望将导致投资者产生情绪；Black（1986）研究发现由于噪声交易者的存在，投资者的情绪不可避免；Shleifer（1998）认为投资者情绪是投资者固有的信念与偏好的形成过程；Baker and Wurgler（2006）认为由于投资者客观存在投机倾向和乐观或悲观的态度，必然会形成不同的投资者情绪。根据文献梳理，投资者情绪至今仍无明确定义，一般总结为：投资者情绪是投资者的行为决策受到外界信息不确定性的影响，认知、情绪、意志等出现偏差和直觉，而形成的主观状态。

在证券投资过程中，人作为一个系统，当获取外界信息后，对其进行编码和评价，形成独有的投资者情绪，继而做出行为决策（Kahneman and Tversky，1973）。由于信息可能并没有完整、准确地反映真实情况，会导致投资者在认知过程中出现大量的判断偏差（Akerlof and Yellen，1985），加之投资者认知资源具有有限性，并非完全遵循贝叶斯法则，只要信息出现概率越大，投资者就越可能把不确定信息当成真实、准确的信息（Kahneman and Tversky，1974）。然而，人们在识别未知信息后，心理上会产生焦虑感，并试图减少这种焦虑，这导致人们不会轻易改变先前做出的即便非最优的决定，加剧了投资者认知的非理性程度（Festinger，1957）。在投资者情绪的作用下，投资者表现出有限理性，如"羊群行为"、反应不足或过度、处置效应等行为特征，进而影响证券市场。由上可以看出，外界信息影响投资者情绪，投资者情绪又直接影响证券市场。

"投资者情绪"的表征符合心理学中关于"情绪"的概念，具有客观性和必然性，这为进一步厘清"谣言信息与投资者情绪"的关系提供了重要的理论基础。"投资者情绪"是研究分析"社交媒体谣言"对"证券市场波动"影响并进而产生"金融风险"中不可或缺的一环。

2.2.2　社交媒体谣言与投资者情绪触发

人们每天都要接收到各种信息，包括社交媒体谣言。个体投资者被认为是最典型的非理性投资者，在信息的作用下，触发投资者情绪改变，投资者行为决策偏离最优。然而，从传统金融学到行为金融学的发展演变中，包含社交媒体谣言在内的信息因素对投资者情绪的影响，经历了"不被认同"到"逐步认同"的发展阶段。

1. 不被认同阶段

有效市场假说（EMH）的核心思想，基于传统金融学的一个重要假设——人是理性的。这种假设认为当投资者接收到信息后，将快速按照贝叶斯法则修正观念，形成理性判断，并按照期望效用理论进行偏好评价，做出决策。在人们接收信息、分析信息、做出决策的行为过程中，不会带来对投资者情绪的触发与干扰，人们始终以完全理性的方式参与其中，EMH 便是所谓的理性投资者竞争均衡的结果。面对谣言信息，投资者的情绪将按图 2-2 方式推进。

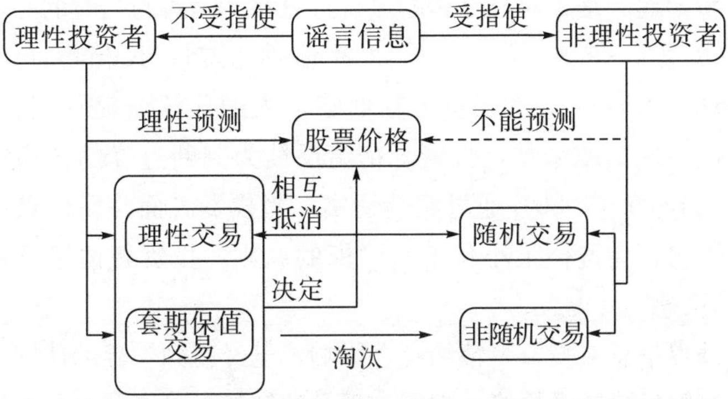

图 2-2　基于 EMH 的投资者情绪决定路线示意图

从图 2-2 中可以看出，按照 EMH，人们的情绪不会受到外界信息的干扰。其一，其认为投资者都是理性的，不会听从外界市场基本信息以外的信息的"指使"，情绪不受干扰；其二，非理性投资者的噪声交易会与理性投资者的交易相互抵消，此时的投资者情绪是无效的；其三，非理性投资者在交易中会遇到理性投资者的套期保值行为，将会在市场竞争中被逐渐淘汰，并最终

回归理性。因此，在 EMH 下，包括谣言信息在内的外界非基本
信息不会对投资者情绪带来实质影响。

2. 逐步认同阶段

针对传统金融学"信息对投资者情绪具有影响"的不认同，
行为金融学给予了反驳与论证。Fox and Tversky（1995）发现，
人们对于偏好的媒体谣言信息的采纳，在某种程度上迎合了投资
者情绪的模糊厌恶心理。Clarke and Statman（1999）研究证明，
当人们获取信息时，容易导致设置的"置信区间"过窄、估计概
率校准度较差，致使投资者情绪反馈为"过度自信"；Shefrin
（1994）研究发现当新的信息出现后，在其新概率未修订前，人
们习惯固守原有信念，对新信息反映不足，投资者情绪反馈为
"保守偏差"；Gadarowski（2001）研究发现人们基于信息是否
更容易记起、是否对自己影响显著且直接、是否与当时的心境切
合等因素，带来不同的投资者情绪反馈；Kahneman and
Tversky（1974）认为投资者在面临他人的建议或提示信息时，
容易做出反馈或采纳，投资者情绪反馈为判断过度的"锚定效
应"；Thaler（1980）通过实验证实，当投资者面临新信息的不
确定性时，会遵循最小化未来后悔的原则，投资者情绪反馈为
"后悔厌恶"。

外界信息对投资者情绪存在影响，已经得到学界的认同。网
络谣言触发投资者情绪，按照心理学的解释，可以分为积极情绪
和消极情绪。当网络谣言与投资者某种需要的满足相联系时，就
会伴随愉悦的主观体验，触发积极情绪；当网络谣言所涉事件对
投资者的心理造成负面影响时，投资者将陷入消极情绪。Zweig
（1973）和 Lee et al.（1991）将投资者"看涨与看跌"的心理预
期，对应为投资者具有"积极情绪"或"消极情绪"，与 Keynes
（1936）认为"情绪即心理"的观点一致。因此，本书认为投资
者情绪所具有的"积极或消极""乐观或悲观"的属性，都是投

资者基于社交媒体谣言所产生的正常生理反应。

社交媒体谣言作为如今谣言最为常见的存在形式，已经与人们的日常生活不可分割，它时刻可能触发投资者情绪，并进一步驱动投资者行为。

2.2.3　投资者情绪与投资行为驱动

情绪具有动机功能，是驱动人行为的强大动力，具有放大生理内驱力信号的作用（Hebb，1955）。金融决策很复杂，掺杂着极多不确定性，投资者情绪在投资决策中占有一席之地。华尔街有一则格言：恐惧和贪婪驱动着市场。在金融危机爆发时，投资者的恐惧情绪控制了他们的行为（Nofsinger，2005）。在证券投资中，投资者不论接收的信息充分与否，都必须要快速地对这些信息做出分析和行为决策。而投资者情绪对投资行为驱动的研究，同样经历了"不被认同"到"逐步认同"的发展历程。

1. 不被认同阶段

传统金融学认为，投资者在面对不确定性时可以做出理性决策，他们的理智和逻辑能够克服情感上和心理上的偏差，并实现财富最大化。Neuman and Morgenstern（1944）提出的著名的期望效用理论，认为投资者的偏好可以通过期望效用函数来表达，理性投资者以效用最大化作为行为决策依据。因此，在此理论框架之下，期望效用函数不包含投资者情绪这一变量，投资者情绪不对人们的最大化期望效用带来影响，也就不会对投资者行为带来改变。这一认识在资产定价理论持续了数年。

2. 逐步认同阶段

尽管传统金融学构建了一个逻辑严密、论证充分的资产定价理论，但其理性信念、理性偏好不断遭遇悖论。Burrell（1951）最早创建了传统的量化投资模型与人的行为特征相结合的金融研究新思路；阿莱悖论对期望效用理论提出了怀疑，认为人们的行为选择不完全满足期望效用模型；Kahneman and Tversky（1979）基于人的心理、情绪提出了权重函数，认为人们对于不同效用值所对应事件的概率判断的主观感受是不同的，会作出不同的行为决策；Hellwig（1980）提出了对信息结构和信息效率的怀疑，间接质疑了投资者的理性信念，认为投资者受到外在信息的干扰，通过情绪变化改变投资者行为；Grossman（1980）认为私人信息将会融入价格中，致使均衡价格不稳定，影响投资者行为决策；Shiller（1981、1990a、1990b）研究了股票价格的异常波动、"羊群效应"、投机价格、人群中流行心态的关系，开始越来越关注对投资者情绪、投资者行为与股票波动的研究。Shleifer（2000）质疑了 EMH 的三个层次假定，认为 EMH 不符合现实，噪音交易者是不可避免的，噪音信息将改变投资者情绪，进而改变行为决策；George Soros（2008）认为人们对客观世界不可能形成完整的认识，所以必然不能完全正确地反映事实，外界信息致使投资者的信念偏差或错误，进而影响投资者行为。

同样，心理学理论也认为，行为由情绪引发，情绪与行为密不可分；任意一种情绪都是促使人们采取不同行动的驱动力，使其在面临不同情景时能及时设定反应计划。可以看出，情绪与行为的关系既有先天关联，又具有后天社会文化对其的制约性。投资者接收到网络谣言后，通过观察、分析、比较、推理等情绪识别过程，对其投资行为做出不同判断。

基于行为金融学和心理学的理论基础，本书认为投资者接收到社交媒体谣言，发生投资者情绪改变，进而驱动投资者行为，最终影响投资者做出不同的投资决策。

2.2.4　谣言信息与投资者情绪评述

我国证券市场个人投资者众多，这是不同于发达国家的最显著的特点。较大一部分个人投资者没有系统的投资理财专业背景，对证券市场和投资理念缺乏正确认知，盲从心态较为明显，投资者的投机心理及其衍生的非理性投资行为在整个市场不断滋生，就现阶段来看，尚未形成真正意义上的价值投资环境。在此大背景下，网络谣言传播达到一定规模后容易左右市场基本面，加剧投资者对市场的恐慌情绪以及非理性投资行为的"羊群效应"，这种恐慌情绪和"羊群效应"反过来又会进一步放大谣言信息对证券市场的影响。

不难看出，投资者情绪在决策制定过程中占有重要地位，尤其是在面临社交媒体谣言等不确定性信息的时候，由于人的自然属性，此时投资者情绪会战胜理智（Nofsinger，2005），触发情绪并驱动行为。在非理性投资行为驱使下，将在一定程度上导致证券市场的不稳定。当这种非理性投资行为通过"羊群效应"得以放大，证券市场的不稳定将演变为更加剧烈的市场波动，从而形成股灾甚至是全国性金融动荡。在本书"社交媒体谣言—投资者情绪—证券市场波动—金融风险"的逻辑主线中，"谣言信息与投资者情绪"处于重要的第一环节，包含了谣言信息与投资者情绪的内在关联，也为"投资者情绪与证券市场波动"做好了衔接，因此，正确认识社交媒体谣言与投资者情绪的关系就具有重要意义。

2.3　投资者情绪与证券市场

通过对谣言信息与投资者情绪的分析，可以看到社交媒体谣言在其衍生品——投资者情绪的传递下，对市场产生的作用力，所以我们应该更加关注社交媒体谣言在证券市场中的现实影响。信息的不对称始终是证券市场多空双方力量博弈的焦点，掌握信息主动权的一方往往可以为自身赢得市场操作先机，形成对另一方的压倒性优势，从而实现盈利。当社交媒体谣言被多空双方充分利用，其对某一方带来的盈利空间将是难以估量的。在互联网时代，通过信息捕捉和加工形成的社交媒体谣言借助"鲶鱼效应"不断搅动市场氛围，诱发投资者情绪的不稳定，从而驱动非理性投资行为的产生。因此，需要对社交媒体谣言的本来面目进行认真识别和分析。

2.3.1 谣言来源与识别

证券市场价格及波动受到基于信息发布、信息传播速度和公众接受程度的投资者情绪的影响。随着社会化媒体数量和速度的几何倍数增加，网络信息对股票市场的影响变得越来越突出，网络谣言是否能被全面准确的识别，取决于网络谣言渠道的选取、谣言文本信息的识别技术及其对谣言内容情感极性的判断。只有做到信息来源合理、识别技术有效、情感极性判断准确，才能达到真正辨识社交媒体谣言的目的，才能正确反馈投资者情绪。本节从谣言信息来源、文本分类技术、情感分类三个方面进行了文献梳理，为第4章研究社交媒体谣言识别技术提供了必要的理论依据。

1. 国内外研究现状

Rose 最早提出了谣言对证券市场的影响，他通过对手工搜集的两个年度的样本分析，发现谣言在短期内会对股价产生冲击，进而引发投资者的买卖行为（Rose，1951）；Diefenback（1972）通过人工逐一检索《华尔街日报》《市场传言》栏目中刊登过的每个未经证实的谣言；Davies and Canes（1978）对《华尔街日报》的《市场传言》栏目进行分析，发现利好谣言能对股价带来正向冲击，而利空谣言则会产生负面冲击；Pound and

Zeckhauser（1990）通过报刊发现公司并购类的谣言对市场波动影响较小，存在谣言公布前套利行为；Huth and Maris（1992）通过媒体新闻发现谣言对规模大的企业更具有冲击力；Barber and Loeffler（1993）、Mathur and Waheed（1995）通过人工阅读《商业周刊》中的《传闻》栏目筛选谣言信息；Halil Kiymaz（2002）通过逐一分析土耳其媒体关于股市传言的信息，进行谣言信息识别；Kiymaz（2002）通过整理媒体信息，发现"盈利"与"外资收购"两类谣言对证券市场的波动影响更为显著；Clarkson、Joyce and Tutticci（2006）通过人工选取部分论坛谣言帖子作为谣言事件，研究谣言信息与异常收益率和交易量的关系；Spiegel、Tavor and Templeman（2010）通过人工选取部分以色列互联网论坛谣言，发现谣言印证了股市前五天出现的显著异常收益；赵静梅、何欣、吴风云（2010）则通过官方媒体公开刊登并由上市公司予以澄清的虚假信息或误导信息为研究样本；何洁婧（2015）通过选取国泰安数据库澄清公告筛选谣言样本进行研究。

在如今信息爆炸的时代，针对互联网渠道社交媒体的海量谣言信息的研究还基本没有涉足，自动识别技术也还没有被提及，这也正是本书基于互联网海量信息，采用计算机智能信息处理技术，实现自动搜集和辨识证券市场谣言信息的研究动机。

2. 文本分类

本书研究基础来自网络论坛的文本信息，目标是实现从中自动辨识谣言信息，作为进一步研究的重要文本信息，这也就是一个文本分类问题。文本分类是文本自动分类（text categorization）的简称，是文本挖掘的基础性工作，即把给定的文本信息划分到预先确定的类别中。

1957 年，IBM 公司在自动分类领域进行了开创性的研究，开启了文本分类的研究。文本分类在国外经历了四个发展阶段：

1958—1964 年进行了可行性研究，1965—1974 年进行了实验研究，1976—1989 年进入实用化阶段，1990 年后开始了互联网文本自动分类的研究（肖明，2001）。Maron（1960，1961）首次提出了贝叶斯公式在文本分类中的应用；Cover 和 Hart 于 1968 年提出了 KNN 算法；Salton（1974）提出了向量空间模型（VSM），目前已经成为自然语言处理的常用模型；20 世纪六七十年代，有研究者又提出了决策树算法（ID3、C4.5 等）；Vapnik（1995）提出了支持向量机（SVM）分类器，它在解决识别问题上表现出许多特有的优势。之后，国外研究者提出了多种基于机器学习的文本分类方法，如 NNET、LLSF、ROCCHIO 等。

我国关于文本分类的研究起步较晚。侯汉清（1981）是我国较早进行中文文本分类研究的学者之一，朱兰娟（1987）研发了基于中文科技类文献的分类系统，吴军（1995）研发了基于中文语料的自动分类系统，邹涛（1999）等运用 VSM 设计开发了中文 CTDS 系统，李晓黎（2000）等基于概念推理引入了文本分类，苏金树等（2006）基于机器学习阐述了文本分类方法，等等。

从自动文本分类实现途径上讲，根据分类知识获取方法的不同，文本分类系统目前一般分为基于知识工程（KE）与基于机器学习（ML）两类。20 世纪 80 年代主要采用基于知识工程的方法，采用人工提出的逻辑规则，作为文本分类的依据；90 年代后，基于机器学习的方法越来越受到重视，采用训练集和测试集，提取最优特征向量，构建分类器模型，通过训练好的模型进行文本分类，最终得到全部分类结果。基于机器学习的方法很大程度缓解了知识获取和知识表示的困惑。机器学习的分类方法在正确率和稳定性上具有明显的优势（宗成庆，2013）。基于此，本书将采用机器学习的分类方法，对从东方财富网股吧抓爬的全部文本信息，按照设定的"自动识别线路"，构建 SVM 分类器，首次实现了对中国互联网财经论坛最大规模最全面的谣言信息的自动识别，共计识别出谣言信息 43 万余条，为研究社交媒体谣言对证券市场的影响提供了重要的数据支撑。

文本分类的基本流程是文本预处理、文本表示、特征维数约简、特征向量权重计算、分类器挑选、分类器测试和评价。具体见图 2-3。

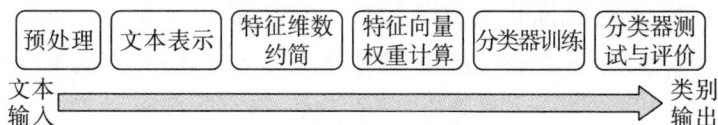

图 2-3　本书分类流程图

（1）文本预处理。

文本分类的首要任务就是文本的预处理，对于中文而言，就是对中文文本作标记、进行分词、去除停用词等流程，目的是减少文本噪音。如图 2-4 所示。

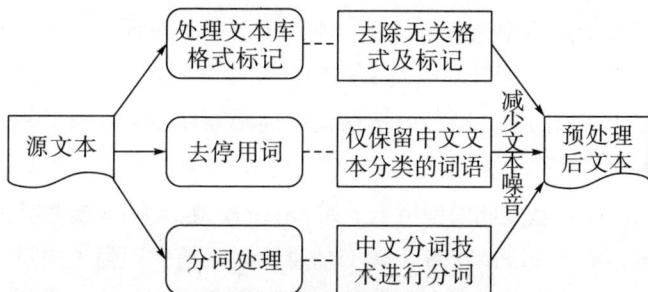

图 2-4　文本预处理流程图

本书所涉及的东方财富网股吧论坛文本是源于网页格式的文本库，文档中存在大量的格式信息标记符号、停用词等，也必然要进行去除格式标记、去除停用词处理，本书采用的是中文分词技术，对文本进行分词处理。

（2）文本表示。

网络论坛信息一般表现为文本形式，包括由文字、标点组成的字符串集合，字或字符构成的词及其短语，其再构成句、段、节、章、篇。对于计算机而言，文本尤其是中文文本，要实现准确处理及与其他文档的区分，必须要经过恰当的形式化表达方式。这里主要回顾文本表示模型的研究现状。目前，主流的文本表示模型有 Boolean Model、Probability Model 和 VSM。

Boolean Model 又称布尔模型，在 20 世纪 60 年代开始在商用检索系统得到广泛应用并大量推荐。布尔模型是一种简单检索模型，其理论基础是集合论和布尔代数。由布尔表达式可表达用户希望文档所具有的特征。布尔模型基于二元判断，即特征出现则为 1，不出现则为 0。常见的 Boosting、决策树、关联规则法等都是基于布尔模型的分类方法。但是，由于其基于二元判定标准，没有对文档分级，检索功能受限，又很难将用户需求转换为布尔式，所以在目前实际应用中，很少单独使用布尔模型。

Probability Model 又称概率模型，由 Robertson 等人提出，其构建基础是概率论和统计学，基本思想是考虑词条、文档间的内在联系，利用词条间以及文档间的概率依存度进行信息检索。优点在于文档的秩（Rank）按照概率递减顺序予以计算，不足在于要事先将文档分为是否相关两个集合，没有考虑检索术语在文档中的频率。基于此模型衍生了如 Bayes 模型、Okapi 模型等。

Salton（1971）在 SMART 信息检索系统中用到了向量空间模型（VSM），这是迄今为止最为常用的自然语言处理模型。其基本思路是将文本信息视作 n 维向量空间中的一个向量，根据训练集生成文本表示特征项序列 D（t_1，t_2，$\cdots$，t_d），对训练集和测试集的各个文本进行权重赋值及规范化处理，转化为基于机器学习算法的特征向量。具体表述为：给定一个文档 D（t_1，w_1；t_2，w_2；$\cdots$；t_n，w_n），且特征项 t_k（$1<k<0$）互异且无

序，将 t_1，$t_2 \cdots t_d$ 视为一个 n 维坐标系，将权重 w_1，w_2，…，w_n 视为坐标值，$D = D$（w_1，w_2，…，w_n）为本书 D 的向量空间模型。特征向量的相似度用它们之间夹角的余弦值进行度量（宗成庆，2013）。

在上述基于文本表示方法的 VSM 之外，还有基于词组的表示法（用词组作为特征向量）、基于概念的表示法（用概念作为特征向量）等。但是词组表示法的表示能力并不明显优于上述普通向量空间模型，通过机器学习算法难以从中提取分类的统计特征（宋枫溪，2004）；概念表示法在一定程度上可以解决自然语言的歧义性和多样性给特征向量带来的噪声，但是需要额外的语言资源（苏伟峰，2002）。

综上，本书采用基于文本表示方法的向量空间模型（VSM）来表示东方财富网股吧论坛全部文本信息，并以此作为自动辨识谣言的基础语料库。

（3）特征维数约简。

文本语料库数据中的文档，一般以向量空间模型予以表示，其中每一个词语都有可能成为一个特征向量，预处理后仍有大量词语存在，特征向量的维数仍然较高，过多的特征向量会有干扰作用，有必要对此进行简化，以保留必要的分类信息且不丢失文本分类性能，这就是特征维数约简技术，也可称为特征降维，其主要包括特征选择（FE）与特征抽取（FS）。

第一，特征选择（FS）。

特征选择就是根据统计学和信息论原理，通过评价函数（评价词语在文本分类中的贡献度），从文本特征集中选择最能反映类别统计特性的特征，保留贡献度大的词语。而特征选择的关键点是评价函数的选择。此处简要介绍常用特征选择方法：信息增益（IG）、卡方统计量（CHI）、互信息（MI）、文档频率（DF）等。常用特征选择方法如表 2－3。

表 2-3　常用特征选择方法列表

特征选择方法	基本思想
信息增益（IG）	根据某特征项 t 对全部分类所能提供的信息量而予以取舍的方法，其中信息量的多少基于信息论中熵的概念来衡量，实践中多用于决策树方法。对于特征 t 有： $$IG(t) = -\sum_{i=1}^{r} p(c_i)\log P(c_i) +$$ $$P(t)\sum_{i=1}^{r} P(c_i\mid t)\log P(c_i\mid t) + P(\bar{t})\sum_{i=1}^{r} P(c_i\mid \bar{t})\log P(c_i\mid \bar{t})$$ 其中：$p(c_i)$ 为文档集中出现类别 c_i 的概率；$P(t)$ 为特征出现在文档集中的概率；$P(c_i\mid t)$ 表示当 t 出现在文档集中时，文档属于类 c_i 的概率；$P(c_i\mid \bar{t})$ 表示当 t 不出现在文档集中时，文档属于类 c_i 的概率。在机器学习中，IG 是一种使用普遍和高效的特征选择方法。
卡方统计量(CHI)	衡量特征项 t_i 和类别 c_j 之间的相关关系，假设 t_i 与 c_j 之间符合具有一阶自由度的卡方分布，最终决定两者之间是否存在独立无关还是显著相关。卡方统计量大则表明相关程度高，反之则低。卡方统计量表示为： $$\chi^2(t,c_j) = \frac{N \times (AD - CB)^2}{(A+C) \times (B+D) \times (A+B) \times (C+D)}$$ 其中：A 为训练文本集中特征项 t 和类 c_j 同时出现的次数，B 为特征项 t 出现而类 c_j 不出现的次数，C 为特征项 t 不出现而类 c_j 出现的次数，D 为特征项 t 和类 c_j 都没有出现的次数，N 为训练文本集中的样本总数。
互信息（MI）	某随机变量中包含的另一随机变量的信息量，互信息越大，特征 t_i 和类别 c_j 的共现程度就越大。其可用下式表示： $$MI(t,c) = \log P(t\mid c) - \log P(t)$$ $$= \log \frac{P(t\mid c)}{P(t)} = \log \frac{P(t,c)}{P(t)P(C)}$$ 其中：$P(t,c)$ 为类别 c 中出现特征 t 的概率。研究显示，因为边缘概率 $P(t)$ 对 $MI(t,c)$ 影响较大，相对于那些具有相同的条件概率 $P(t\mid c)$ 的特征，稀有特征将有较高的 MI 值，即对于稀有特征（稀有词）是有利的，从而也导致分类性能较差。

特征选择 方法	基本思想
文档频率 (DF)	文档频率（DF）是指出现某特征项的文档的频率，是最为简单有效的一种评价函数。其具体做法：从文本库中统计出包含某特征的文档频率，根据预先设定的阈值，DF 小于阈值时，表示该特征项出现频率过低，去掉该特征项；DF 大于阈值时，表示该特征项没有区分度，也去掉该特征项。该方法可以降低特征向量计算的难度，有助于提高分类准确率。

第二，特征抽取（FE）。

特征抽取是基于原有全部特征向量，通过对已有特征的组合或转换得到新特征（更佳的分类特征）的过程。此处简要介绍常用的特征抽取方法：潜在语义分析（LSA 或 LSI）、主成分分析（PCA）、Fisher 线性判断分析（FLDA）。常用特征抽取方法如表 2－4。

表 2－4　常用特征抽取方法表

特征抽取 方法	主要思想
潜在语义 分析 (LSA 或 LSI)	通过对特征向量矩阵进行奇异值分解为低维正交矩阵，自动得到一个比很小的有效语义的空间。表达式为： $$\boldsymbol{X} = \boldsymbol{U}_r \sum_r \boldsymbol{V}_r^{\mathrm{T}} \approx \boldsymbol{U}_k \sum_k \boldsymbol{V}_k^{\mathrm{T}}$$ 其中：r 是矩阵 $\boldsymbol{X}$ 的阶；$\sum_k = \mathrm{diag}(\sigma_1, \cdots, \sigma_r)$ 是由特征值构成的对角矩阵；$\boldsymbol{U}_r = (u_1, \cdots, u_r)$ 和 $\boldsymbol{V}_r = (v_1, \cdots, v_r)$ 分别是左、右特征向量。当要进行特征值截取的时候，比如只保留前 $k(k \ll r)$ 个最人的特征值，一般 r 个特征值是按大小排序的。在潜在语义分析中，文档类别分布不均衡时，文本分类性能较差。
主成分 分析 (PCA)	主成分分析（PCA）本质是一种统计方法，主成分是指经过正交变换将相关变量转换成线性不相关的变量。Y. Li 等（1998）经过研究发现，使用主成分分析后特征约简的效果并不令人满意。表达式： $$\zeta_i = \mathrm{e}^{\mathrm{T}} \boldsymbol{X}_i$$

特征抽取方法	主要思想
Fisher 线性判断分析 (FLDA)	基于 Fisher 原则，针对两类问题的正交判断矢量集，其目标是找到能够最大限度区分各类数据点的投影方向。具体表达为：$$\mu_1(d,t) = \sum_{d \in C} \frac{N(d,t)}{N(d)}$$ $$\mu_2(c_j,t) = \frac{1}{|C|}\sum_{d \in C}\mu_1(d,t)$$ 其中：C 为文档集中所有类别；$N(d,t)$ 为在文档中 t 的频数；$N(d)$ 为文档 d 中所有特征的频数之和。特征 t 的 Fisher 判决式为：$$\mathrm{Fisher}(t) = \frac{\sum_{c_1,c_2}(\mu_2(c_1,t)-\mu_2(c_2,t))^2}{\sum_c \frac{1}{|C|}(\sum_{d \in C}(\mu_1(d,t)-\mu_2(c,t)))}$$

根据本书研究对象的特点，拟采用的特征选择方法为"文档频率（DF）"、特征抽取方法为"Fisher 线性判断分析（FLDA）"。

（4）特征向量权重计算。

特征向量权重是用于度量特征项在文本表示中的重要度或区分度的强弱。其权重的计算方法主要有布尔权重和词频权重等。

第一，布尔权重（BW）。

布尔权重的思想是如果文本中出现了该特征项，那么文本向量的该分量为 1，否则为 0。但是其无法表现特征项在文本中的作用程度，逐渐被特征项的频率所代替。

第二，词频权重（DF）。

词频权重的思想是依据文档中特征项的出现频率来判断其重要程度。这里主要介绍 TF—IDF 权重法。

Salton 于 1998 年提出了 TF—IDF 权重法，其主要思想是综合考虑特征项在单个文档中的权重和它在整个文本库中的重要度，即考虑了局部权重与全局权重的结合，在原有的仅针对 TF 或 IDF 的权重方法上有了显著改进，该方法不仅常用于信息检索，在文本分类领域也有着非常广泛的应用。公式表示为：

$$w_{ij} = \mathrm{tf}_{ij} \times \mathrm{idf}_i$$

近年来，研究者针对 TF－IDF 公式进行了多种变形，如 TFC、ITC、熵权重、TF－IWF 等。宗成庆（2013）认为多数论文通过加入新变量构造权重计算方法，实质上都是考虑特征项在整个类中的分布问题。所以，本书认为选择特征项权重计算方法需要考虑研究对象的实际情况，因"文本特点"而异。基于东方财富网股吧论坛文本信息的特点，本书采用传统"TF－IDF"方法进行，具体应用方法见本书第 4 章。

（5）分类器挑选。

文本分类器的选择是文本分类最为关键和主要的环节。凤丽洲（2015）将文本分类器分为三种类型：一种是基于统计的分类器，主要有朴素贝叶斯（NBC）、K 最邻近（KNN）、支持向量机（SVM）等。这类分类器以有监督的机器学习为基础，文本用特征向量表示，不考虑语言结构，获取泛化关系。一种是基于规则的分类器，主要有决策树（DT）和关联规则。这类分类器主要分析数据集，确定分类规则，再根据规则确定未分类文本的类别。一种是基于连接的分类器，主要有神经网络法（ANN）等。这类分类器的主要利用神经网络模拟人脑系统来进行。本书又结合宗成庆（2013）的专著《统计自然语言》对这些分类器的阐述，对目前主要的分类器算法进行了简要总结和分析（见表 2－5）。

表2-5 主要分类器介绍

类别	主要思想及算法	主要优缺点	
		优点	缺点
基于统计的分类器 NBC	朴素贝叶斯的主要思想是利用特征项和类别的联合概率来估计文档的类别概率。主要包括两种情况： 一是基于文档采用 DF 向量的表示法： $$P(C_i\|Doc) = \frac{P(C_i)\prod_{t_j \in V} P(Doc(t_j)\|C_i)}{\sum_i \left[P(C_i)\prod_{t_j \in V} P(Doc(t_j)\|C_i)\right]}$$ 其中：$P(C_i)$ 为 C_i 类文档的概率，$P(Doc(t_j)\|C_i)$ 为对 C_i 类文档中特征 t_j 出现的条件概率的拉普拉斯估计。 二是基于文档采用 TF 向量表示法： $$P(C_i\|Doc) = \frac{P(C_i)\prod_{t_j \in V} P(t_j\|C_i)^{TF(t_j,Doc)}}{\sum_i \left[P(C_i)\prod_{t_j \in V} P(t_j\|C_i)^{TF(t_j,Doc)}\right]}$$ 其中：$TF(t_j,Doc)$ 为文档 Doc 中特征 t_j 出现的频度，$P(t_j\|C_i)$ 为对 C_i 类文档中特征 t_j 出现的条件概率的拉普拉斯估计。	在接受大数据量训练和分类所需具备的高速度，且在编写代码实现贝叶斯分类器时，它允许用每一个训练项，而像 SVM 和决策树这类方法则要求一次将整个数据集输入。	Jing Y. 等人（2005）认为，在实际应用中，朴素贝叶斯分类器基于条件独立的假设不能保证。

续表2-5

类别		主要思想及算法	主要优缺点	
			优点	缺点
基于统计的分类器	KNN	K最近邻的主要思想是给定一个测试文档，系统在训练集中查找离它最近的K个邻近文档，并根据这些邻近文档的分类来给该文档的候选类别进行评分。决策规则为： $$y(x, C_j) = \sum_{d_i \in KNN} sim(x, d_i) y(d_i, C_j) - b_j$$ 其中，$y(d_i, C_j)$ 取值为0或1，取值为1时表示文档 d_i 属于分类 C_j；取值为0时表示文档 d_i 不属于的相似度；$sim(x, d_i)$ 表示测试文档 x 和训练文档 d_i 之间的相似度；b_j 是二元决策的阈值。一般采用两个向量夹角的余弦值表示向量之间的相似度。	该方法简单直接，不需要离线训练模型。	每次分类需要所有样本参与计算，通过距离度量计算，计算复杂度较高，训练样本的质量对分类器性能影响较大，同时惰性学习方法，没有显式的学习过程。
	SVM	支持向量机的主要思想是在向量数据空间中找到一个决策平面，这个平面能分割两个分类的数据点（Vapnik, 1998）。支持向量机又分为线性支持向量机和非线性支持向量机：当训练数据线性可分时，可以学习得到一个线性支持向量机。当训练数据不可分时，其基本思想是引入核函数，学习到到非线性支持向量机，实现数据从非线性到线性问题，通过求解变换后的线性学习问题，从训练数据中学习得到一个分类模型。	具有很强的学习能力，利用较少的样本就可以训练出具有较高性能指标的分类模型。能合理解决过拟合问题，与特征向量的维度无关。同时，由于在理论上存在"默认"值，它不需要调整参数。	分类过程中的计算量就很大，导致训练时间变长。

续表2-5

类别		主要思想及算法	主要优缺点	
			优点	缺点
基于规则的分类器	DT	DT模型呈树形结构,用于描述对实例进行分类,可以将其看作是if—then规则集,或看作是定义在特征空间上的条件概率分布,如图: farm? → wheat farm? → commodity? commodity? → wheat? wheat? → wheat wheat? → wheat commodity? → wheat commodity? → Tonnes? Tonnes? → wheat Tonnes? → Winter? Winter? → soft? Winter? → wheat soft? → wheat	DT可读性强,分类速度快。	由于决策树是递归创建的,每一步选择的特征选择是用信息论度量的,容易过拟合训练集。
基于连接的分类器	ANN	利用人工神经网络,类似人类大脑神经网络,模拟人类大脑工作,类似人类大脑处理。	具有高容错性,全局并行的运算特点,适合学习复杂的非线性模型。	时间开销大,模型在透明性方面表现较差。

综上，每种分类器各有优劣，由于文本数据特点不同，综合考虑时间、空间和计算复杂度，到目前为止，对于哪种分类器的性能最好，还没有一个统一的认识。Yang and Liu（1999）的实验证实，SVM 的分类效果要优于 ANN、NBC 等分类器，与KNN 效果相当；同时，基于连接的神经网络分类器性能不如SVM 和 KNN 分类器。基于此，本书在对东方财富网股吧文本信息进行谣言自动辨识的过程中，使用支持向量机（SVM）作为分类器，在第 4 章中将予以详细介绍、实验并评测。

（6）分类器性能测评。

分类器性能到底如何？是否能够有效地完成分类任务，是成功完成后续研究的关键和前提。这时就需要通过测试来进行评价。常用的方法有以下几种（Pang-Ning Tan et al.，2014）：

第一，测评方法。

保持方法（Holdout）。在保持方法（Holdout）中，将被标记的原始数据划分为两个不相交的集合，分别为训练集和测试集。训练集用于模型的学习和归纳，测试集用于模型的评估，分类器的准确率便根据测试集上的准确率予以估计。二者的划分比例根据分析师的判断而定（常为 50-50，或者 2：1）。该方法存在不足：一是训练标记样本较少，二是模型具有高度的依赖性，三是训练集和测试集并不相互独立。

随机二次抽样（Random subsampling）。该方法采用多次重复保持方法来改进对分类器性能的估计。由于该方法没有利用尽可能多的数据，且没有控制每条记录用于训练和测试的次数，因此该方法与保持方法存在同样的问题。

交叉验证（Cross-validation）。该方法的思想是每条文本数据用于训练的次数相同，而且恰好检验一次。K 折交叉验证是该方法的推广，将数据平均分为 K 份，每次将 K-1 份作为训练，另一份作为测试，重复 K 次。分类器的准确率表示为 K 次测试中被正确分类的文本数量与数据集的总文本数的比值。在分类器测评应用中，常使用 10 折交叉验证的方法。经过测评，各种结果的统计情况如表 2-6：

表 2-6 分类结果统计示意表

分类结果 ＼ 文本与类别的实际关系	属于正例的文本	属于反例的文本
属于正例	a	b
属于反例	c	d

第二，测评指标。

通过一定的测评方法，需要有科学的指标予以量化评价。常用的指标有以下四类（表 2-7）：

表 2-7 分类器性能测评常用方法列表

测评方法	方法简介
准确率（P）召回率（R）综合分类率（F）	准确率 $(P) = \dfrac{a}{a+b}$ 召回率 $(R) = \dfrac{a}{a+c}$ 综合分类率 $(F) = \dfrac{2 \times P \times R}{P+R}$
算法精度（A）	给定文本数据测试集，分类器正确分类的样本数与总样本数的比值。 $A = \dfrac{a+d}{a+c+b+d} \times 100\%$
ROC 与 AUC	常被用于评价二值分类器的性能。 ROC 包括两个指标： $\text{TPR} = \dfrac{a}{a+c}$，表示正例分对的概率 $\text{FPR} = \dfrac{b}{b+d}$，表示反例错分为正例的概率 ROC 主要通过空间曲线进行分析，横坐标是 FPR，纵坐标是 TPR。 AUC 的值等于 ROC 空间曲线下方区域的面积大小，取值为 $[0.5, 1]$，值越大代表分类性能越好。

续表2-7

测评方法	方法简介
微平均与宏平均	由于分类结果对应于每个类别都会有一个准确率和召回率，可以根据每个类别的分类结果评价分类器的整体性能，通常的方法有微平均和宏平均。 微平均：在准确率（P）和召回率（R）的基础上，使用被正确分类的文本总数代替两个公式中的 a，使用被错误分类的文本总数代替两个公式中的 b；属于正确类别，但没有被正确分类的总文本数代替两个公式中的 c，再计算出总的正确率和召回率。该方法假定每篇文档的权重相同，更多受常见类的影响。 宏平均：在准确率（P）和召回率（R）的基础上，对结果求算术平均值，获得总体的准确率和召回率，更多受特殊类的影响。

综上，根据本书研究实际，为了有效辨别分类器的性能，验证 SVM 分类器是否达到有效辨识东方财富网股吧论坛谣言信息的能力，本书将采用 10 折交叉验证的测评方法，并采用正确率（P）、召回率（R）、综合分类率（F）等指标予以量化测评，具体测评过程详见第 4 章。

3. 情感分类

人的情绪会受到外界因素（包括社交媒体）的影响，继而驱动投资者行为并影响证券市场波动。在自动识别了社交媒体谣言后，要进一步实现其对股票价格影响的量化分析，就要尽量解决谣言信息中投资者情绪的判断。

（1）文本情感分类的国内外研究现状。

宗成庆（2013）将情感分类定义为：根据文本所表达的含义和情感信息将文本划分成褒扬或贬义两种或几种类型，是对文本作者倾向性和观点、态度的划分，也称为倾向性分析（Opinion analysis）。类似于文本分类，文本情感分类可以看成是一种特殊的文本分类。文本情感分类不同于普通的文本分类在于它基于文本情感倾向这一主题而进行分类，在分类中仅对情感关键词予以

关注。目前，国内外关于情感分类领域的研究主要集中在情感分
类方法、情感抽取与情感分析技术评测三个方面。

第一，情感分类方法。

经对已有文献进行梳理，情感分类的常用方法有以下三类
（表 2-8）：

表 2-8　情感分类方法列表

分类方法	主要思想及代表文献
基于文本内容	1. 对文本内容主客观的分类：研究者根据文本内容特点，按照作者主旨意见将文本内容分为主观类和客观类。 Wiebe 和 Bruce（1999）将形容词、副词等词类作为特征值，设计了 NB 分类器。 Finn 等（2002）关于主客观分类的研究，认为词性标注特征法优于词袋法。 Yu 等（2003）采用统计方法进行主客观句的识别研究；而中文主客观分类起步较晚，主要是因为中文较拉丁语系文字具有更大的复杂性，以人工抽取主观性文本为主进行研究。 叶强等（2007）基于互联网评论，提出了自动判断句子主观度的方法。 林斌（2007）通过计算影评词语的互信息量进行情感分类；李培等（2010）基于句法依存关系对互联网评论的极性进行自动分类。 2. 基于情感词典的分类：涉及对于情感词量化与情感词典的构造。 对于情感词量化，Turney（2002）提出了情感词组的 SO-PMI 语义分类法，Dave 与 Lawrence（2003）给语料中的词赋分。 对于情感词典的构造，代表性的英文情感词典有 WordNet 和 General Inquirer，HPD 和 LMD 被认为是金融领域的重要情感词典。 而中文情感词典起步较晚，尤其是财经情感词典，中文情感词典代表为 HowNet，近年来国内学者开始大量研究中文财经词典 ［尹海员等（2015）、汪昌云等（2015）、易洪波等（2015）等］。

分类方法	主要思想及代表文献
基于机器学习	1. 有监督的机器学习：基于大量有标注的训练样本。如 Bo Pang、Lillian Lee（2002）基于机器学习方法（N－gram、朴素贝叶斯、最大熵及支持向量机），使用监督学习的方式，对2000 篇电影评论进行情感分类，对基于线上评论的情感分类研究获得了很大进展。 2. 半监督的机器学习：基于少量的有标注的训练样本，大量的未标注的样本进行建模。如 Li 等（2010）将情感文本分为个人和非个人，应用协同学习进行分类。 3. 无监督的机器学习：基于全为非标注的样本进行建模。如 Turney（2002）提出了情感词组的 SO－PMI 语义分类法就是较具有代表性的无监督学习模型（宗成庆，2008）。 常用的机器学习方法有 K 最邻近（KNN）、支持向量机（SVM）、朴素贝叶斯、最大熵等。学者们通过采用机器学习方法对文本主客观进行分类、对正负观点进行区分、通过实验证明了 SVM 分类器效果较好等［Wiebe 等（2005）、Whitelaw 等（2005）、唐慧丰等（2007）、Ni 等（2007）］。
情感文本内容与机器学习相结合	情感词典与机器学习方法结合，减少对人工标注的依赖，得到了较好的情感分类效果，实现了对跨领域的突破。［Jonathon Read（2005）、Rem Melville（2009）、Alina（2008）、Jonathon Read（2009），王振浩（2010）］。

　　综上，基于文本内容，由于中英文语言结构的差异，判断因素的复杂性，基于中文的文本主客观分类达不到较好精度，在之后的研究中，机器学习方法被广泛采用；基于单独的情感字典，在普通领域网络文本实现有效快速的情感分类具有较大使用价值；但是，由于采用无监督分类模型，缺少经过人工标注的训练集，精确率不够高；忽略了句子中否定词对情感的影响，导致精确率低。但是，单独使用机器学习应用首先需要建立庞大的人工标注文本集，在海量信息时代，具有不可操作性的缺点。综合情感词典与机器学习的各自优势和不足，学者们研究发现二者结合起来，会有更好的情感识别性能。因此，本书使用第一个中文财经新闻情感词库（Q. Li et al. 2014a）与机器学习相结合，实

现社交媒体谣言的情感分类，具体过程详见第 4 章。

第二，情感抽取。

情感抽取是指抽取文本中有价值的情感信息，主要面向新闻评论，识别对象是观点的隶属者，主要有基于命名实体识别的抽取方法（Kim and Hovy，2006），有基于语义角色标注的抽取方法（Wilson and Wiebe，2003）。抽取评价对象是抽取评论文本中情感表达所面向的对象，主要有非监督学习方法（Hu and Liu，2004）和监督学习方法（Zhang et al.，2006）。

第三，情感分析技术评价。

目前，主流的国际文本分析技术评测为 TAC（Text Analysis Conference），其从 2009 年起数据来源是新闻和互联网数据。国内评测主要有 COAE（Chinese Opinion Analysis Evaluation），2008 年开始举办，包括中文情感词的识别、分类、句子抽取、比较句识别与要素抽取、篇章级倾向性打分等；CCF TCCI（China Computer Federation TCCI）主要面向中文微博情感分析，包括情感句识别、情感倾向性分析、情感要素抽取，以及中文词义关系抽取中的核心技术等，明确了中文微博情感分析评测的指标为正确率、召回率和 F 值三项指标。

（2）基于财经媒体的情感分类研究评述。

Das and Chen（2007）从股票留言板中挖掘投资者情绪，比较不同分类器效率，其研究方法在去除噪声方面有显著效果，并试图将其方法应用到不同语种领域。祝宇（2013）用朴素贝叶斯分类算法将 600 万条发帖按情感分为"积极""中立"和"消极"三种类型，构建了情绪指数和意见分散度指数。陈茜、连婉琳（2015）对证券市场的情感词语、行为词语采用评价理论进行情感分类，使用金融词库统计得出证券新闻的情感极性。徐伟、李韵喆（2015）采用支持向量机、贝叶斯算法以及粗糙集组合模型分别对行业和个股新闻进行预测，引入情感分类评价理论。郭小文（2015）利用爬虫软件对和讯博客文本采用语义分析法进行分析，同时为其匹配中文语境下的语义规则来作为投资者情绪的代理指标，分析投资者情绪与股票市场关系。孟雪井等（2016）通过研究得到了我国投资者情绪的关键词词库。

可以看到，基于财经媒体的情感分类研究已经越来越被重视。网络论坛是当前社交媒体的重要形式，人们原有的单一线性的传播形态彻底被颠覆，信息传播影响力从广度到深度都发生了变化，表现形式多以半结构化或非结构化的文本信息为主，如股票论坛。研究论坛信息时，做到准确的情感分类是开展证券市场量化影响分析的基础。为此，本书将在第4章采取基于中文财经情感词库和机器学习方法相结合的方式，对东方财富网股吧论坛中的谣言信息进行情感分类；利用监督学习的方式抽取情感信息；采用 CCF-TCCI 的中文情感分析技术评价指标，对情感分类性能予以评价；最终获取较为准确的情感极性，捕捉与股票价格间的关联关系。

2.3.2　投资者情绪的度量

投资者情绪度量是研究媒体信息影响股票市场重要的基础性工作。在获取了社交媒体谣言文本信息及其情感极性之后，需要对其进行数据标准化处理，以客观量化投资者情绪，为进一步构造社交媒体谣言与证券市场关联分析模型做好数据准备。由于投资者要受到来自生理、心理等主观因素及社会环境与宏观经济等客观因素的影响，投资者情绪度量一直也是学术界的研究难题，目前还没有找到一种完全理想统一的度量方式。投资者情绪度量大致分为市场层面和公司层面（黄宏斌，2015），本书对相关文献进行了梳理，详见表2-9。

表 2-9　投资者情绪度量研究文献

情绪度量分类	情绪度量方法	主要思路	代表文献
市场层面	投资者调查	基于投资者对股票市场未来行情判断的信心调查，如央视看盘等	Brown and Cliff（2004）、杨春鹏（2008）
	封闭式基金折价	市场中全部封闭式基金折价率按市值加权，将平均折价率作为投资者情绪的替代	Lee（1991、2002）、Poniiff（1995）、张丹和廖士光（2009）
	IPO发行量	IPO发行量代表投资者情绪的高涨程度	Loughran（1994）
	IPO首日收益率	投资者情绪高则首日收益率高	Ljungqvist（2006）
	市场交易量	分歧程度越大，成交量越大	Scheinkman and Xiong（2003）、Baker and Stein（2004）
	主成分分析法	用封闭式基金折价、基金流通量、基金初始发行量、基金初始发行首日收益率等因子，构造复合投资者情绪指数	Baker and Wurgler（2004）Glushkov（2006）、伍燕然和韩立岩（2007）
	偏最小二乘法	将观测到的情绪变量分解为投资者情绪、公共噪音、个体噪音等子部分，用股票收益作为工具变量，运用偏最小二乘法构造一个校准的投资者情绪指数	Huang（2012）、王镇和郝刚（2014）

情绪度量分类	情绪度量方法	主要思路	代表文献
公司层面	操控性应计利润	以"操控性应计利润"作为"误定价"	Polk and Sapienza（2004）
	分解的托宾	以托宾 Q 的回归残差作为投资者情绪	Goyal and Yamada(2004)、张戈和王美今（2007）
	动量指标	通过"动量指标"来度量投资者情绪	Jegadeesh and Titman (1993)、花贵如、刘志远和许骞（2010）
	市值/账面价值比	市值账面比包含投资者情绪	Baker（2009）、刘端和陈收（2009）
	分析师盈余预测偏差	以分析师预测偏差作为对投资者情绪的衡量	Gilchrist et al.（2005）

综上，尽管可以从市场和公司两个不同角度衡量投资者情绪，但仍未有将二者结合来探究这一领域的相关研究，投资者个体差异大是其最为主要的原因（黄宏斌，2015），个体投资者具有较机构投资者更大的非理性程度（李子广、唐国正和刘力，2011）。由于我国证券市场具有中小个体投资者居多的现实，其获取信息的来源单一，释放情绪的渠道有限。随着社交媒体的发展，投资者不再单纯被动接收市场信息，也通过论坛等媒介参与讨论，表达意见，论坛成为独具特点的情绪表达"窗口"。论坛信息中的谣言，通过论坛读者的阅读、转载，扩大其影响力，触发投资者情绪，驱动投资者行为。

如果能够有效利用"网络论坛"中的有效信息量化投资者对市场以及公司的主观判断，就可以发现蕴藏在"谣言信息"中的投资者情绪，这是提取和度量投资者情绪的一种新思路和新方法。正如 Mao et al.（2011）认为，利用传统方法构造的投资者情绪指标无法预测股市的波动，而从社交媒体中获取的投资者情绪指标在证券市场预测上具有更好的效果。

本书在梳理了相关文献后，认为可以通过"社交媒体谣言"构造"谣言指数"以度量"投资者情绪"。①网络论坛的信息中介作用越来越凸显。论坛是网络时代重要的社交媒体，是最为流行且最为强大的在线交流平台，论坛不仅传播信息，也产生噪声，充分发挥着信息中介的作用。在我国，中小投资者居多，获取信息的方式和渠道单一，社交媒体尤其是论坛等影响力大且获取成本低。论坛阅读量、转贴量可以充分说明投资者情绪。Tetlock（2007）研究发现媒体的悲观信息预测了市场价格下行的压力；Mao et al.（2011）研究发现，社交媒体中提取出来的投资者情绪度量指标在证券市场方面具有很好的预测能力。②《中文财经情感词库》（Q. Li et al.，2014）为构造"谣言指数"提供了可能。本书基于《中文财经情感词库》，将词汇的情感极性分为积极和消极，把论坛文本信息的心理学词语作为"投资者情绪"的替代，测量由此带来的情绪变化，并以此作为社交媒体谣言情感分类的重要依据。Tetlock et al.（2008）利用心理学词典（HPD）验证了媒体报道中词语的消极性与股票收益下降有关系；Garcia（2012）验证了日频度投资者情绪序列对道琼斯指数具有预测作用。③Huth and Maris（1992）研究发现谣言效应将改变投资者注意力和对股票的关注度，最终导致股票价格的异动。崔亮（2013）通过实证验证了如果在互联网社交媒体中，投资者对论坛的信息内容阅读量越大，回复率越高，就可以认为投资者对该股票的关注度越高；而投资者的积极与消极情绪通过论坛文本信息予以体现，二者联合构建的投资者情绪指数有效。这为本书试图构造"网络财经论坛谣言指数"（IFFRI）提供了理论和应用基础（详见5.1）。若社交媒体谣言文本信息转化为指数之后，将为进一步与股票市场进行关联分析提供重要的量化指标。

因此，本书试图通过"社交媒体谣言"量化"投资者情绪"，首次以"谣言指数"的形式表达"投资者情绪"，并进而以"谣言信息—投资者情绪—证券市场"中搭建桥梁，清晰刻画关系。

2.3.3 投资者情绪与证券市场评述

本章前面部分对投资者情绪的心理学解释以及度量方法进行了简要介绍，分析了投资者情绪对证券市场具有影响，但是，到底两者之间的关系是否可以准确量化？本小节将回顾投资者情绪对股票价格影响的主要文献，为本书的后续研究奠定理论基础。

20 世纪 80 年代开始，学者们陆续将心理学理论引入金融学，研究投资者情绪对资产价格的影响。国内外学者关于投资者情绪对证券市场的影响研究也陆续展开，主要反映在对股票收益和股票波动的研究上。

1. 投资者情绪对股票收益具有显著性影响

Black（1986）研究发现由于存在交易成本等因素，投资者情绪可以影响到股票价格；Delong、Shleifer and Waldmann（1990）认为噪声交易者情绪将对资产价格带来系统影响；Lee、Shleifer and Thaler（1991）研究证实封闭式基金折价与公司收益率都受到个体投资者情绪的影响；Baker and Wurgler（2004）认为投资者情绪波动对股票有不同的影响，还发现股票预期回报较高的投资者情绪一般较低；Brown and Cliff（2004）研究发现情绪与股票收益相关，还构造了投资者情绪测度，通过混合情绪指标考察未来股市收益；Barker and Wurgler（2006）总结了"情绪跷跷板"效应，即投资者情绪对股票存在横截面效应；汪伟全（2007）通过研究发现，反应过度、从众心理以及股价操纵行为等非理性情绪是影响股价的重要因素；蒋玉梅、王明照

（2010）实证发现投资者情绪对股票总体收益和横截面效应均具有影响；林振兴（2011）通过实证认为网络论坛投资者情绪对股票 IPO 抑制价格有影响；陆江川、陈军（2012）根据 FAMA 三因素将投资者情绪分为四类（乐观、悲观、极端和非极端），证明了不同的投资者情绪对股票横截面收益具有非对称影响的特点；黄世达、王镇（2015）把情绪变量纳入 CAPM，实证了投资者情绪是影响股票收益的重要因素，金融异象得到进一步解释。

2. 投资者情绪对股票价格波动具有显著性影响

Shiller（1981）、Le Roy and Porter（1981）是最早研究发现股票收益"波动性之谜"的学者，对传统金融学提出了挑战；Barberis（1998）研究发现噪音交易者情绪对股票收益协同运动具有影响；Barberis et al.（1998）建立了 BSV 模型，BSV 模型表示投资者因选择性偏差、保守性偏差而形成反应不足与反应过度，进而导致股票价格波动性偏离有效市场假说。Brown and Cliff（2004）研究发现投资者情绪与股票市场收益在周频度上呈正相关，在月频度上相反；王美今、孙建军（2004）研究发现投资者情绪的变化对沪深两市收益具有显著影响，且对两市收益波动具有反向修正作用；Arindam（2005）研究发现股票收益由当天的交易者情绪决定，投资者情绪能够解释股市收益波动；Clarkson et al.（2006）研究发现，谣言在网络论坛出现 10 分钟后便快速反应到股票市场，表现为异常收益率和成交量；Verma（2007）发现个人和机构投资者的情绪对股市的波动均具有负面影响；Patrick（2010）认为投资者情绪会改变投资者的风险厌恶程度，对股票市场带来季节性影响；Sabherwald et al.（2011）指出，网络论坛投资者情绪对股票次日收益率和波动有负面影响；Antonios and Evangelos（2015）研究发现在公司收购期间，投资者情绪具有特殊性，与招标公告异常收益存在正相关，该结果超越了先前学者对投资者情绪与股市关系的研究；
Chi and An-Pin（2015）基于 CAPM、FAMA 三因素、Carhart
四因素，对投资者情绪与 ACSI 信息错误定价关系进行研究，发
现投资者消极情绪会导致资产价格偏离价值，证实了客户满意度
是资本市场中一项有价值的无形资产；Demetrios and Shah
（2016）研究了希腊股市中投资者情绪的影响，发现中型股票受
投资者情绪的影响最为显著；Kotaro（2016）实验证实了公司长
期收益增长率的可预测性在投资者情绪的影响下，将导致资产错
误定价；Woanlih（2016）则把投资者情绪因素融入 Carhart 四
因素，发现在公司股票回购中，对投资者情绪敏感的公司将获得
更多异常收益，信息不对称将加剧导致投资者情绪，引起更大程
度的资产错误定价。

可以看出，目前大多数研究都证明了投资者情绪对股票市场
的价格波动与收益具有显著影响，但基本都是从市场、公司的层
面透过投资者情绪研究股票市场，而基于社交媒体尤其是论坛进
行研究的少之又少。但是，社交媒体在广度和深度上对人们生活
都越来越具有影响力，通过其反馈的投资者情绪并进而对股票市
场的影响研究就显得越来越重要和必要（Mao，2011）。本书也
正是基于此，将研究社交媒体谣言信息中折射的投资者情绪对证
券市场有着怎样的关联，这具有重要的实践意义。

2.3.4　谣言对证券市场影响的研究评述

尽管媒体对于证券市场价格的影响已得到较为广泛的研究，
但是随着互联网技术在证券行业的渗透，投资者可以通过各种渠
道了解证券市场信息，目前大部分研究主要针对新闻媒体中传播
的"官方"谣言，对互联网媒体中论坛、博客等海量的"非官
方""小道消息"却鲜有涉及。本书对现有文献进行了梳理，发

现现有研究在研究样本和识别技术方面呈现出不足。

1. 研究样本

自 1951 年 Rose 最早开始研究谣言对证券市场的影响以来，研究者已经意识到谣言信息对于证券市场的重要影响。但是，研究者在选取谣言信息的渠道上，要么集中于对传统新闻媒体的研究，要么集中于对"小样本谣言①"的研究，对谣言信息的选取渠道仍偏狭窄，对社交媒体中论坛等"小道消息"鲜有涉及，基于研究海量谣言信息的研究就更是少之又少，因此，目前的研究还没有全面清晰地反映我国证券市场谣言信息的全貌。正如周裕琼（2012）研究发现，传统谣言往往是与谣言主体有直接利益关系的少数人处于特定的动机而制造与传播的，如今的谣言更多的是与主体间没有直接利益关系的网民参与制造与传播的"工具性说法"，其主要是通过论坛等新媒体在陌生人中进行传递并讨论。这就为选取样本提出了较大的挑战，对如何在社会化媒体如此丰富的当下，选取更大规模的谣言信息样本，做出更为准确的分析提出了更高的要求。

本书试图从社交媒体视角，选取中国金融信息服务第一品牌——东方财富网作为基础信息来源，将其"股吧"——东方财富网打造的中国人气最旺的股票主题社区作为"全集"样本。通过自行开发网络爬虫，抓爬存量帖子，将其作为辨识社交媒体谣言、探寻社交媒体谣言对证券市场影响量化分析的基础数据库（详见 4.3）。

2. 识别技术

通过人工搜集基于特定事件开展的研究，需要耗费大量的人力和时间，而往往准确率还不一定理想；在确定了谣言信息之

---

① 小样本谣言：主要指利用事件研究法，通过时间倒推筛选谣言信息。

后，进行其情感极性的判断则更为艰难，因通过人工甄别，受到人为主观因素影响的概率很大，极有可能出现误判；在取得确切的谣言信息后进行研究，在互联网传播速度极快的背景下，其时效性相对滞后。而谣言与生俱来的"非官方性"预示着其往往产生于网络论坛等公共场所。在社会化媒体不断丰富的过程中，谣言信息以"碎片化"的方式散布在网络论坛中，上市公司或者监管部门还无法通过甄别系统监测论坛动向，谣言信息往往要靠投资者的主观判断。而通过自动化方式实现对谣言信息的辨识，就显得非常必要，这也是本书写作的动机之一。

　　本书试图实现对社交媒体谣言的自动辨识，以满足谣言"碎片化"的呈现方式，克服人工筛选的主观判断和误差。将论坛谣言辨识看作一个基于特征向量选取的二分类问题，对谣言样本进行特征化处理，使用支持向量机（SVM）算法构建分类器并予以评价，利用训练好的分类器对论坛信息中的谣言进行自动辨识。然后，根据《中文财经情感词库》（Q. Li et al.，2014a）对谣言进行情感属性判断，归类为"积极谣言"与"消极谣言"，作为下一步谣言自动辨识的重要基础。

2.4　本章小结

　　谣言信息通过触发投资者情绪进而作用于证券市场，本章以"社交媒体谣言—投资者情绪—证券市场波动—金融风险"这个逻辑主线从三个领域梳理了相关文献。第一，阐明了谣言信息与金融风险的内在关系，只有全面清晰地刻画社交媒体谣言现状及特点，厘清与证券市场的关联，才能给证券市场各方提供有价值的政策建议，促进证券市场持续健康发展，才能有助于国家金融的长治久安。第二，阐明了谣言信息与投资者情绪的内在关系，投资者是"逻辑主线"中"社交媒体谣言"效应传导过程中的"第一站","投资者情绪"又是投资者在接收到"社交媒体谣言"后的第一反馈,正确认识谣言信息与投资者情绪的关系具有重要意义和基础作用。第三,回顾了投资者情绪与证券市场影响研究的现状与方法,提出了通过新视角、新方法度量投资者情绪的思路。通过文献回顾与综述,"逻辑主线"中所涉及各要素及其相关理论与应用方法被梳理清楚,为本书的后续研究提供了重要的理论基础。

谣言,自古有之,于今尤甚;传统社会有之,转型社会尤甚;现实生活有之,虚拟网络尤甚(周裕琼,2012)。在中国证券市场蓬勃发展的时代,互联网谣言与风险仿如孪生兄弟,时刻冲击着证券市场的稳定,面对海量的社交媒体信息,如何进行快速辨识并做出合理的行为判断是投资者、上市公司和监管机构的一道难题,也是必须予以解答的必答题。近半个世纪以来,众多国内外学者研究发现了媒体信息对股票市场有影响,并进行了深入的研究,做出了有益的尝试并奠定了良好的研究基础;但随着自然和社会层面累加的危机和风险的凸显,谣言信息在互联网为代表的社会化媒体上被叠加放大,产生了一个又一个的谣言冲击波,并引发"蝴蝶效应",研究谣言信息对证券市场的影响就显得急迫而重要。本书也是基于此研究动机,试图在社交媒体视角下,实现自动辨识网络谣言的突破。第4章将详细阐述网络论坛谣言的自动辨识过程。第5章将首次提出"网络财经论坛谣言指数"(IFFRI)及其构造过程,实现了社交媒体谣言的量化,为第6章从股票收益率及波动率的角度,进一步分析社交媒体谣言对证券市场的影响提供了重要变量。第7章基于本书研究结论与成果,为证券市场参与各方(投资者、上市公司、中介机构和监管机构)提供政策建议。"不为杂音噪音所扰,不为传闻谣言所惑",本书希望能为中国证券市场的稳定与繁荣做有益探索。

3 研究框架与关键技术

根据本书的研究内容、方法与思路，为确保文章逻辑严密、模块完整、技术规范，达到预期研究目的，依据研究逻辑，制定了本书逻辑模块、实施步骤与流程，明确了文章的层次结构，为本书顺利推进提供了控制流程保障。

3.1 研究框架

本书内容分为技术研发与理论应用两个层面。具体技术线路及模块关系如图3-1。

如图3-1所示，在技术层面上：①通过网络爬虫，抓取网络论坛本书信息；②通过采用向量空间模型、TF-IDF权值算法进行论坛谣言文本信息表示；③通过采用支持向量机（SVM）算法，研究社交媒体谣言的自动辨识技术方法，实现对论坛信息中谣言信息的甄别；④首次构造提出"网络财经论坛谣言指数"（IFFRI），综合测定谣言变动的相对数，为构建社交媒体谣言与证券市场关联分析模型做准备；⑤采用VAR模型分析社交媒体谣言对证券市场收益率的影响，采用GARCH模型分析社交媒体谣言对证券市场波动率的影响。在理论层面上，为证券市场参与各方（投资者、上市公司、中介机构和监管机构）提供决策辅助。

```
抓爬论坛信息
      ↓
论坛文本信息量化
   [向量空间模型]   [中文财经情感词典]
      ↓
社交媒体谣言识别
   [机器学习（SVM）]
      ↓
构造网络财经论坛谣言指数（IFFRI）
      ↓
社交媒体谣言对股票市场影响的分析模型
   [计量经济回归模型]
   [谣言与收益率]      [谣言与波动率]
      ↓                  ↓
   [VAR模型]          [GARCH模型]        技术层面
- - - - - - - - - - - - - - - - - - - - - - - - - -
搭建RMAP为证券市场参与者提供决策辅助       理论层面
   [投资者] [上市公司] [中介机构] [监管机构]
```

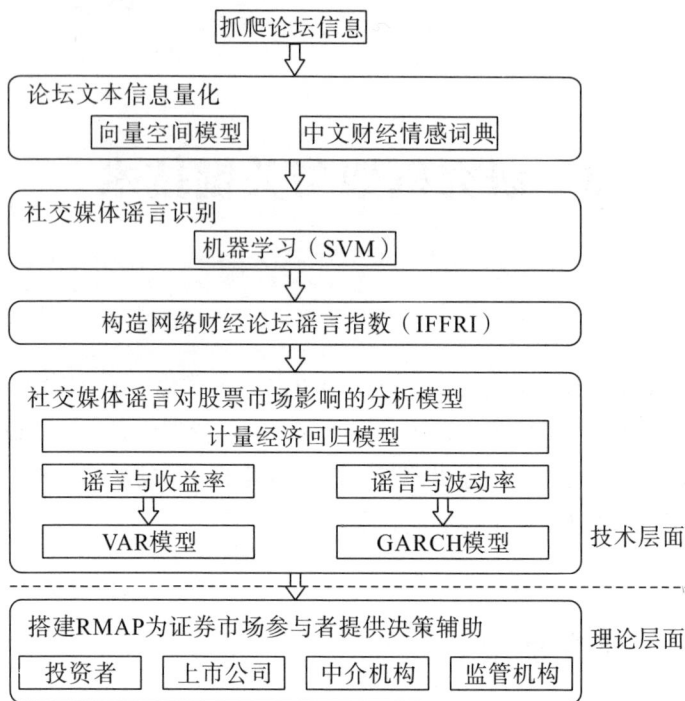

图 3-1　本书研究技术线路及关系示意图

3.2　关键技术

3.2.1　数据获取

1. 社交媒体谣言信息样本

网络舆论多以论坛为媒介，论坛信息通过论坛平台得到快速蔓延传播；同时，论坛又具有一定专属性，相同类型客群汇聚到同一论坛，如股票论坛便聚集了众多财经人士、股票投资者或爱好者。

本书以东方财富网股吧文本信息作为基础数据。东方财富网目前是股票论坛中重要的论坛之一，选择东方财富网作为研究对象基于以下考虑：①根据中国互联网协会统计，东方财富网在"金融服务"分类网站的排名中，名列首位，在国内所有网站排名中，也是前二十强中唯一的财经类网站。②根据艾瑞咨询数据显示，东方财富网的用户访问量日均达 1521 万人，黏性指标达2122 万小时，两项指标均独领鳌头，已经发展成为中国成功的互联网信息平台和金融数据平台之一。庞大的用户访问量和强大的用户黏性已经成为东方财富网最为核心的竞争优势，为研究者提供了海量数据基础。③其股吧于 2006 年 1 月正式上线，是东方财富网在中国推出的互联网财经互动社区之一。股吧里面设置有各个子社区，每个子社区都可以根据关键字或者标签搜索出来，这些分类标准包括证券代码、话题等。股吧是一个方便投资者交流经验的互动社区，致力于财经领域的交流，吸引了大量投资者，在财经社交媒体中居于前列。同时，股吧数据较为完整。因此，通过东方财富网股吧研究中国股市论坛谣言具有相当的代表性和参考价值。

本书将东方财富网股吧全部存量数据作为基础数据库，其网址为 http：//guba. eastmoney. com，利用编写的定向网络抓爬器收集抓取论坛现有的全部信息。网络抓爬器是搜索引擎抓取系统的重要组成部分，其主要目的是将互联网上的网页下载到本地形成一个内容镜像备份。

本书首次实现了对东方财富网股吧个股信息的抓爬。从抓爬数据可以看到，2014 年及以前的论坛信息已经不完整，可能是由于网站存储量的原因，其主动作了删除。关于东方财富网股吧文本数据抓爬及谣言信息的自动辨识过程详见第 4 章。

2. 股票数据样本

本书第 5 章将根据通过自动识别技术辨识的"社交媒体谣言"与"股票数据"构建关联模型，其中使用的股票数据均来自 RESSET 数据库①，具体使用了 2015 年 1 月—2016 年 12 月的全部股票数据（本研究分析了 2015—2018 年的证券市场数据，其中只有 2015、2016 年包含了一个完整的牛市和熊市，故采用 2015、2016 年数据为样本），包括个股每日收益率、开盘价、收盘价、最高价、最低价、换手率、波动率、交易股数、交易金额、基本信息（市值、流通股等）及上证综指、深圳成指、中证指数等。

3.2.2 识别技术

本书的技术路线大致为"东方财富网股吧文本信息的预处理—特征向量提取—训练分类器模型—甄别谣言信息"，谣言信息的自动识别技术线路如图 3-2 所示。

特定信息

最优模型

最优特征向量提取

预处理

样本信息

图 3-2　谣言信息自动识别技术线路图

---

① 北京聚源锐思数据科技有限公司（RESSET）：该公司主要业务为提供金融数据服务，是我国金融从业人员、研究者、投资者关注的重要数据库之一，网址为：http://www.resset.cn。

1. 文本表示技术

由于一般不能在原始文本形式上采用文本挖掘算法进行处理，在文本的预处理部分，必须首先将文本转化为计算机语言，对文本对象进行形式化处理，也就是文本表示的过程。本书采用向量空间模型为文本表示模型。

(1) 向量空间模型（VSM）。

向量空间模型（VSM）是把文本信息表示成向量，采用向量间的夹角余弦值作为文本间的相似度。本书在构建"中国证券市场谣言库"的过程中，采用了向量空间模型的思路，具体做法详见第 4 章。

(2) TF－IDF。

在采用向量空间模型进行文本表示时需要计算权值，本书采用的方法是 TF－IDF 权值，它是一种常用于信息检索与文本挖掘的加权技术。其基本思想是文本信息中字或词出现的次数与其重要性呈正比。具体做法详见第 4 章。

2. 文本分类器

本书采用的是文本分类的机器学习方法。具体使用的分类器算法是支持向量机（SVM）。支持向量机的基本思想是间隔最大化原理，即在向量空间中找到一个最佳分割两类数据点的决策平面（Vapnik，1998）。本书也就是要在基于大数据的海量论坛信息中，将谣言信息与非谣言信息予以分类，利用支持向量机（SVM）算法找到一个决策平面，从而实现对未进行分类的论坛信息实施正确分类的目标。关于支持向量机（SVM）在本书自动辨识中的具体实施过程详见第 4 章。

3.2.3 建模技术

本书将构造论坛谣言信息与股票价格信息的关联模型，具体包括对股票收益率、波动率、换手率的影响等。具体为：①本书通过 VAR 模型，探寻社交媒体谣言是否对证券市场收益率产生影响。向量自回归模型（VAR）是 Sime 于 1980 年提出的，是目前较为常用的一种计量经济模型，该模型用其中所有当期变量对所有变量的若干滞后变量进行回归，估计联合内生变量的动态关系，不带有任何事先约束条件。VAR 模型已得到广泛应用。②本书通过 GARCH 模型建模分析社交媒体谣言对证券市场波动率的影响。GARCH 模型是描述波动率最为经典的模型。自从 Engle 于 1982 年提出 ARCH 模型以后，T. Bollerslev 在 1986 年又提出了 GARCH 模型，其特别适用于波动性的分析。在此基础上，本书将"网络财经论坛谣言指数"（IFFRI）加入 ARMA－GARCH 模型中，研究社交媒体谣言与股票波动率的关系，考察社交媒体谣言对股票稳定性的影响程度。

3.2.4 策略技术

本书通过社交媒体谣言自动辨识以及建模分析之后，探索性地提出搭建以财经网络谣言监测分析为基础的平台与应用策略，从海量社交媒体数据中快速获取谣言信息，实现谣言信息的采集、处理、储存、统计分析、文本挖掘等功能，从投资者认知、上市公司治理、中介机构规范、金融市场监管四个不同视角，深度系统地探析社交媒体谣言对证券市场的影响，为证券市场健康稳定发展提供了重要的理论参考和决策辅助，探索治理证券市场社交媒体谣言的新思路。

3.3　本章小结

　　本章对本书的逻辑模块、主要技术及实施路线进行了梳理，基于研究内容、方法与思路，对本书总体框架、主要功能模块以及逻辑关系进行了分析。

4 基于社交媒体的证券市场 谣言信息的识别

社交媒体谣言的辨识是"社交媒体谣言—投资者情绪—证券市场波动—金融风险"这一研究链条上的"第一环",它是研究社交媒体谣言如何影响投资者情绪,并进一步影响股票市场的前提。由于社交媒体谣言信息具有的"模糊性、非官方性、广为流传性和新闻性"的特征,使得其不易被辨识,从而严重影响着有限理性的投资者辨识其真伪的能力。本书通过文献梳理,发现已有的研究主要是通过"事件研究法",即通过"正规渠道"的辟谣信息获取谣言信息,对谣言信息尤其是面对大数据的论坛等网络谣言信息的获取,在准确性、全面性和快速性上仍存在较大不足,导致投资者、上市公司以及监管部门不能及时、全面、有效地辨识网络谣言,给决策带来偏差,给证券市场发展带来不稳定因素,给国家金融安全带来隐患,因此对社交媒体谣言辨识技术的研究显得重要而紧迫。为此,本章提出了面对社交媒体谣言信息的辨识技术,搭好研究链条上的"第一环",为进一步研究社交媒体谣言对证券市场的影响提供了可能与基础。

4.1 研究现状与趋势

4.1.1 基于社交媒体的研究渐成趋势

社交媒体谣言属于重要的媒体信息之一，而关于证券市场媒体效应的研究最初起源于金融学领域，研究者观察到重大新闻事件对证券市场的影响，开始采用事件研究法研究特定新闻报道对证券市场波动的影响。随着互联网媒体的兴起和信息技术的发展，越来越多的研究者开始尝试利用大数据挖掘来探析媒体与证券市场的关联。本书对文献进行了梳理，发现目前的研究主要集中在论证不同类型互联网信息（论坛、微博、维基百科、用户行为等）与证券市场波动的关联有效性上，从这些研究可以看出，如何量化媒体文本信息的影响力和构建互联网媒体信息与证券市场关联的分析模型是当前学者们关注的重点。代表性研究如表4－1。

表4－1 不同类别媒体对证券市场影响研究的代表文献

类别	主要代表文献
基于社交媒体对证券市场的影响研究	Frank and Antweiler（2004）、Bollen et al.（2011）、Preis et al.（2013）、Moat et al.（2013）、Luo et al.（2013）、Curme et al.（2014）、Siganos et al.（2014）、Zhang et al.（2017）
基于新闻对证券市场的影响研究	Wuthrich et al.（1998）、Lavrenko et al.（2000）、Chan（2003）、Mittermayer and Knolmayer（2006）、Tetlock et al.（2008）、Wang et al.（2011）、Schumaker et al.（2012）
基于上述两者	Q. Li et al.（2014b）、Q. Li et al.（2015）

中国互联网络信息中心（CNNIC）《2016 年中国互联网新闻市场研究报告》显示，网民对于网络新闻的真实性仍缺乏质疑意识，直接转发未经核实的新闻的现象普遍存在。数据显示，60.3%的网民在转发前不会核实信息的真实性，仅有 25.7%的用户在转发前会有意识核实信息的准确性。由于转发不实新闻为零成本，网民在看到热点新闻随手转发的情况仍普遍存在，这对于推动虚假信息的传播起到了推波助澜的作用。正如 Kapferer（2008）所说，谣言信息产生于信息不灵，而信息过多也会产生谣言。

令人遗憾的是，尽管互联网媒体充斥着如此多的谣言信息，学者就谣言对证券市场影响的研究却严重滞后。基于此，本书在现有的研究基础上，将东方财富网股吧文本信息作为基础数据，将支持向量机（SVM）作为分类器，首次实现对股票网络论坛谣言的自动辨识，较好的辨识率为投资者辨识谣言提供了便利，使其更为客观地认识论坛信息，避免谣言信息带来的干扰，这也是本书力图实现的实践意义和创新之一。

4.1.2 基于海量样本与自动辨识的研究渐成必然

谣言作为金融市场最重要的风险来源之一，尚未得到全面研究。本书对主要代表文献进行了梳理（表 4-2），谣言对证券市场影响研究的样本选择仍偏狭窄，还没有客观反映股票谣言信息的全貌。

表 4-2 谣言对证券市场影响研究的样本选择情况表

代表文献	样本选择
Rose（1951）	手工搜集两个年度股市谣言样本
Diefenback（1972）	美国证券市场分析报告

续表4-2

代表文献	样本选择
Davies、Canes（1978）	《华尔街日报》—"市场传言"专栏
Pound and Zeckhauser（1990）	并购类股票谣言
Barber、Loeffler（1993）	美国《商业周刊》—"华尔街传闻"专栏
Mathur、Waheed（1995）	美国《商业周刊》—"华尔街传闻"专栏
Clarkson et al.（2006）	在 Hotcopper 论坛上仅分析了 189 个收购传闻
Spiegel、Tavor and Templeman（2010）	以色列互联网论坛谣言
赵静梅、何欣、吴风云（2010）	沪深两市辟谣澄清公告
隋悦鹏（2015）	巨潮咨询网澄清公告
何洁婧（2015）	结合国泰安数据库停复盘及上交所、深交所澄清公告

　　随着社交媒体的高度发达，其虚拟性让大众可以自由发声，同时，由于网络具有的超强传播效率，较之传统的口口相传，谣言也就具有了更大的影响力。因此，研究谣言对股市的影响，已经不能简单地满足于传统新闻媒体的谣言或者"小样本数据"，必须结合社交媒体开展"海量数据"的研究，方能及时全面反馈谣言对证券市场的效应。为此，本书试图通过机器学习技术实现对论坛谣言信息的自动辨识，抓取海量谣言信息样本，力争实现"谣言对证券市场影响研究"样本量的突破与创新，这也是将"海量样本"作为"媒体对证券市场影响研究"的必然趋势。

　　然而，对于现代化社交媒体的研究，必然伴随着基于大数据的分析，如东方财富网股吧论坛存量数据近 4000 万条，仅靠传统的人工筛查法或事件研究法，已经不能满足飞速发展的媒体传播效应对股市影响研究的需要，导致了社交媒体谣言不易被辨识或辨识滞后。传统的"知识工程（KE）分类系统"，基于人工提取的逻辑规则和符号技术，对海量文本信息进行谣言信息的辨识。如 Qiang（2011）等对微博社区兴趣驱动问题进行了研究；赵永亮等（2015）对天涯论坛每天的发帖量分布进行了研究。王永忠等（2016）对中华网论坛就突发事件下论坛回帖行为模型进行了研究，上述研究仍然是基于领域专家对给定的谣言文本集合的分类经验，通过人工搜集的方式实现对谣言信息的获取，在准确率和稳定性上已经无法应对基于海量数据的筛选，面临着知识获取与知识表示的瓶颈，急需采用自动化的方法对网络谣言进行辨识及研究。

自由开放的网络社交为社交媒体谣言的传播提供了良好基础，特别是自我发布使人们之间的连接关系变得更为虚拟化，黏性更强，相互影响更大，论坛等媒体的内容转发分享行为也更为频繁。但是基于"机器学习（ML）分类系统"对网络中文财经谣言的研究却寥寥无几。随着人工智能技术的飞速发展，短时间内可以处理 TB 级信息的能力提高，并能够从 WEB 媒体中及时提取海量的、有价值且准确的信息，因此，利用计算机科学中先进的捕获和分析技术，研究强大的自动谣言辨识技术和调查谣言在社交媒体中的影响机制至关重要，这可使精确地捕捉社交媒体谣言与股市波动间的隐藏关系成为可能。本书尝试利用"机器学习（ML）的分类系统"，从海量论坛数据中自动提取有关分类规则，导出自动文本分类器，与传统的"知识工程分类系统"相比，可以大大缓解知识获取与知识表示的问题。

本书采用网络爬虫技术，成功抓爬了东方财富网股吧文本信息；基于机器学习（SVM）的方法，实现了对网络论坛谣言的自动辨识，效果显著，具有重要的实践意义，为后续研究社交媒体谣言与证券市场的关系提供了前提和基础，使大规模系统性分析社交媒体谣言对证券市场的影响成为可能。

4.2 基于情感词库的证券市场谣言信息识别系统设计

本书的研究对象为社交媒体谣言，而社交媒体谣言的承载形式多种多样，包括论坛、微博、微信等形态，特点各异。根据现有文献分析，投资者关注较多的社交媒体比较集中于财经类论坛。财经类论坛有两大形式：一是专业类的财经网站，比如东方财富网、金融界、和讯网等，这类网站专门开设有证券类信息专栏和股票论坛；二是大型门户网站如新浪财经、网易财经、搜狐财经等，也均开设有证券频道和证券类论坛栏目。因此，本节将以"样本选取—预处理—自动辨识"为主线，介绍面向"社交媒体谣言的自动抓爬和辨识系统"的设计与构造原理。

4.2.1 技术线路图

根据"样本选取—预处理—自动辨识"的技术研究主线，本节对研究技术实现路线进行了规划，形成了"技术线路图"（如图 4-1），以便层层推进。

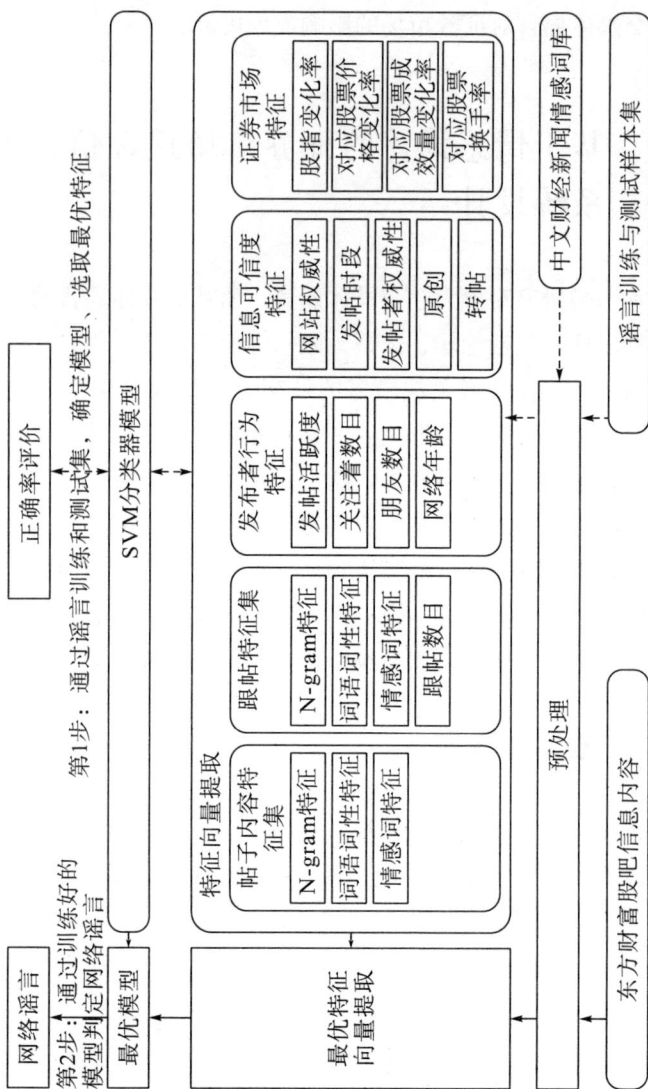

图4-1 东方财富网股吧谣言自动辨识技术线路图

4.2.2 数据选取与自动抓爬

网络抓爬器是搜索引擎抓取系统的重要组成部分，其主要目的是将互联网上的网页下载到本地形成一个内容镜像备份，即从东方财富网的 URL 开始，获取初始网页列表，并不断地从当前页抓取新的 URL，直至 URL 为空或满足爬行终止条件为止。本书采用了抓取速度快、准确率高的火车抓爬器（开源网络爬虫）。论坛文本信息获取技术线路如图 4-2。

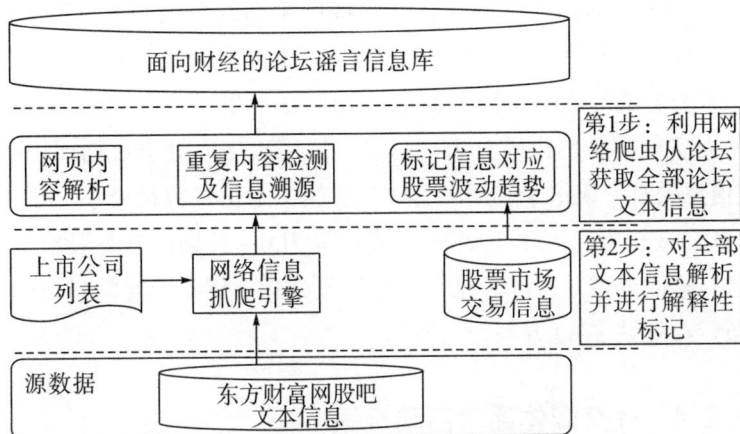

图 4-2　东方财富网股吧文本信息获取技术线路

通过网络抓爬器，本书收集到了东方财富网股吧中的存量帖子，共计约 4000 万条，时间跨度为 2007 年 1 月至 2016 年 12 月，数量量达到 10GB，数据精度为秒，抓爬的内容包括股票代码、发帖 IP 地址、发帖标题、帖子内容、抓爬网址、阅读量、跟帖量、发布时间等。

4.2.3　抓爬信息预处理

通过爬虫程序将东方财富网股吧文本信息抓爬到本地后，由于文档结构的差异，需要将原始信息转换成普通文档形式。同时，由于原始文本信息集很大，可能包含信息失真、误记录和不当样本等问题，在开始网络谣言自动辨识之前，必须要先对其进行整理和预处理，去除噪音信息。

本书的预处理过程如下：第一，通过火车抓爬器对整个东方财富网股吧的帖子进行抓爬，并将抓爬到的数据写入 MYSQL 数据库中，然后在数据库中根据每条数据中的网址信息对文本信息进行分类导出，将同一只股票的数据导出成一个 CSV 文件，从而实现按股票代码分类；第二，使用程序，对于数据库中的"信息失真、误记录和不当样本"［如文本信息容量极小（小于 4kB）或极大（大于 100kB）、阅读量为 0、长期停盘类股票等］进行剔除处理。通过对抓爬信息的预处理，剔除噪音帖量 20 万条，存量帖 3760 万条。

4.2.4　社交媒体谣言自动辨识

通过抓爬程序获取东方财富网股吧文本信息后，再把给定的全部文本信息划分到预先确定的类别中，区分出"谣言"与"非谣言"。社交媒体谣言自动辨识的具体过程为"文本表示—特征生成—特征提取—文本分类"。

1.　文本信息表示

一则社交媒体谣言就是一个文本信息，由文字、标点组成，由词构成短语，形成句子或一段话，要让计算机能够高效处理这些文本信息，必须用一种较为理想的形式化表示方法，一般需要先确定文本特征项，再进行文本信息表示。

（1）文本特征定义。

文本特征定义的目的是实现真实反馈文档内容并能区分不同文档。目前，主要的确定文本特征项的方法主要有词袋法、短语法与N-gram法。虽然词袋法较为简单，但是其对文本的语义信息有所忽略。短语法尽管考虑了文本语义信息，在表达文本主题方面较词袋法有着更强的能力，但是由于自然语言的复杂性，若对文本语义信息理解不准确，将会影响下一步的分类性能。而N-gram法是一种基于统计学的方法，对文本进行分割，不需要进行分词操作，可自动化处理中文文本信息（Miller G et al.，1990）。本书采用N-gram法对网络文本信息进行文本特征定义。

（2）文本表示模型。

社交媒体谣言自动辨识的前提和基础是网络文本信息的表示，即将网络论坛文本信息转换成计算机可以辨识的信息，将其表示为数值形式进行描述。目前主要的文本表示模型有布尔模型、概率模型和向量空间模型（Vector Space Model，VSM）。布尔模型是一种精确匹配的模型，简单易操作，但目前很少单独使用该模型；概率模型建立在概率和统计学基础之上，对文本集的依赖性过强，处理问题过于简单；向量空间模型是目前应用最多的自然语言处理模型之一（Salton et al.，1974），本书即采用向量空间模型进行文本表示。基本原理如下：

本书设东方财富网股吧信息为 D（Document），特征项为 F（Features），特征项权重为 W_k（Term Weight），即在某一条论坛信息 D_i 中存在特征项 T_i，则 T_i 的特征项向量表示为1，否则为0，如表4-3所示。

表 4-3　向量空间模型

	F_1	F_2	...
D_1	1	0	...
D_2	1	1	...
...	...	...	...

两个文档内容的相关程度大小用向量文档向量间的距离来衡量，一般使用内积或夹角的余弦来计算，夹角越小相似度越高（图 4-3），即：

$$\mathrm{Sim}(D_1, D_2) = \sum_{k=1}^{n} w_{1k} \times w_{2k} \tag{4.1}$$

或者：

$$\mathrm{Sim}(D_1, D_2) = \cos\theta = \frac{\sum_{k=1}^{n} w_{1k} \times w_{2k}}{\sqrt{(w_{1k}^2) \times (\sum_{k=1}^{n} w_{2k}^2)}} \tag{4.2}$$

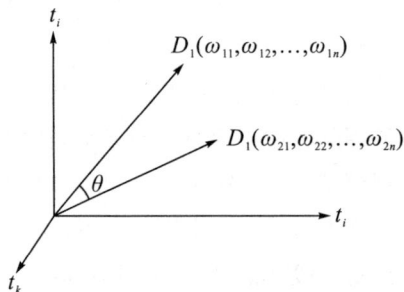

图 4-3　文本空间向量模型图

2. 文本特征提取

DiFonzo et al.（1994）认为，谣言的传播有三个关键步骤：生成、评估与传播。谣言的生成阶段，主要基于其内容的不确定性和焦虑，在网络论坛谣言中，则表现为发帖者特征（如发帖者个人特征、发帖数量、朋友情况等）和帖子内容（如词频、词性及情感等）；谣言的评估阶段，就是受众是否要相信谣言，在网络论坛谣言中，则表现为信息可信度（如网站可信度、发帖时段、是否原创、发帖者权威性等）；谣言的传播阶段，就是谣言的接受与认可及其对外部环境的影响程度，在网络论坛谣言中，则可表现为跟帖内容（如发帖数目、词频、词性及情感等）和对应的证券市场特性（如股指、股价、波动于成交量等信息）。

基于此，考虑到财经谣言的证券市场特征，本书拟采用以下五个特征集：帖子内容特征（F_1）、跟帖特征（F_2）、发布者行为特征（F_3）、信息可信度特征（F_4）、证券市场特征（F_5）。具体内容如表4-4。

表4-4　东方财富网股吧信息特征集分类

特征集	特征	特征内容
F_1	帖子内容特征	内容的词频特征、词性特征、情感词特征等
F_2	跟帖特征	跟帖数量、词频特征、词性特征、情感词特征等
F_3	发帖者行为特征	发帖人的发帖数目、其关注者数量等
F_4	信息可信度的特征	网站可信度、发帖时段、原创帖还是转帖、发帖者权威性等
F_5	发帖时段对应的证券市场特性	发帖前后时段的股指变化率、对应股票的价格变化、成交量变化和换手率等

3. 特征权重的计算

在文本表示模型与特征提取中都涉及特征权重的计算，主要是反映特征项在文档中表示中的重要程度。Salton（1975）提出了TF-IDF算法，多次论证了信息检索中TF-IDF算法的有效性（Salton，1983）。Forman（2008）进一步运用统计学方法度量了类别分布的显著性。TF－IDF 模型的主要思想：若某个词语在一篇文章中出现的频繁很高，但在其他文章中出现较少或者不出现，则可认为该词语具有较好的区别度，适合用来作为分类的判断依据。本书在此基础上，加入词汇权重测定方法（Q. Li et al.，2014），并根据东方财富网股吧信息特征集（表 4－4），对文本特征权重进行计算。

本书对谣言样本信息文档中的每个词项赋予一个权重，权重取决于词项在谣言样本信息文档中出现的次数，即，根据词项 i 在谣言样本信息文档 j 中的权重计算其值，记为 $\text{tf}_{i,j}$。

$$\text{tf}_{i,j} = \frac{n_{i,j}}{\sum_k n_{k,j}} \tag{4.3}$$

同时，如果在谣言样本信息文档中包含词项 i 的文档越少，则说明词项 i 具有越好的类别区分能力，将此记为 $\text{idf}_{i,j}$，其 idf 将越大。

$$\text{idf}_i = \log \frac{N}{\text{df}_i} \tag{4.4}$$

为了处理当词 i 在谣言样本信息文档集合中不存在而导致公式中分母 df_i 为 0 的情况，将上述公式修改为：

$$\text{idf}_i = \log \frac{N}{\text{df}_i + 1} \tag{4.5}$$

根据 TF－IDF 模型的思想，将谣言样本信息中的每篇文档的每个词项，其 tf 和 idf 结合起来形成一个综合权重。

$$\text{TF－IDF}_{i,j} = \text{tf}_{i,j} \times \text{idf}_i \tag{4.6}$$

由此判断，若一个词项在某一谣言样本信息文本中出现频率高而在整个谣言样本信息文档集合中包含它的文本数少，则它的 TF－IDF 值高。

4. 文本分类

针对网络谣言等文本信息的分类，分类器的选择是最为关键的环节。文本分类器一般分为三种类型：一种是基于统计的分类器，主要有朴素贝叶斯、K 最邻近（KNN）、支持向量机（SVM）等。这类分类器以有监督的机器学习为基础，文本用特征向量表示，不考虑语言结构，获取泛化关系。一种是基于规则的分类器，主要有决策树和关联规则。这类分类器主要分析数据集，确定分类规则，再根据规则确定未分类文本的类别。一种是基于连接的分类器，主要神经网络法（NNET）等。这类分类器的主要思想是通过神经网络模拟人脑系统进行分类。

Yang and Liu（1999）的实验证实，支持向量机（SVM）的分类效果要优于 NNET、朴素贝叶斯等分类器，与 KNN 效果相当；同时，基于连接的神经网络分类器性能不如支持向量机和 KNN 分类器。基于此，本书在对东方财富网股吧文本信息进行谣言自动辨识的过程中，使用支持向量机（SVM）作为分类器。

SVM 是 Vapink 在 1999 年根据统计学习理论中的结构风险最小化提出的，是一种监督式学习的方法。SVM 将向量映射到一个更高维空间，使用训练实例的一个子集来表示决策边界，该子集便称为支持向量（Support Vector）。根据结构风险最小化理论（Structural Risk Minimization，SRM）原理，随着模型能力的增加，泛化能力的上界也将随之增高，SVM 即可确保最坏情况下泛化误差最小。本书直接使用最具代表的 LIBSVM 软件包[①]来构建 SVM 分类器。主要实施步骤如下：

（1）确定决策边界。

从东方财富网股吧筛选出谣言信息，其实就是一个包含 N

---

① LIBSVM 软件包：台湾大学林智仁教授开发设计的原理强、效率高、操作易的 SVM 识别与回归软件包。该软件包提供了开源代码，已编译好可在 Windows 系统环境下的执行文件，提供了经测试的默认参数（应用者对 SVM 算法设计的参数调整较少），提供了线性、多项式等常用核函数供选择，能够很方便地解决 SVM 算法中的具体问题。

个训练样本的二元分类问题，每个样本表示为一个二元组（x_i，y_i）（$i=1$，2，…，N），其中 $x_i=(x_{i1}，x_{i2}，…，x_{id},)^T$，对应于第 i 个样本的属性集。一个线性分类器的决策边界可以写成如下公式：

$$w \cdot x + b = 0 \tag{4.7}$$

其中，w 和 b 是模型的参数。

可以用以下方式预测任何测试样本 z 的类标号 y 为：

$$y = \begin{cases} 1, & w \cdot x + b > 0 \\ -1, & w \cdot x + b < 0 \end{cases} \tag{4.8}$$

其中，$y=1$ 为谣言，$y=-1$ 为非谣言。

（2）确定分类器边缘。

调整决策边界的参数 w 和 b，谣言与非谣言边缘两个平行的超平面 b_{i1} 和 b_{i2} 可以表示为：

$$b_{i1}: w \cdot x + b = 1 \tag{4.9}$$

$$b_{i2}: w \cdot x + b = -1 \tag{4.10}$$

为了计算该边缘，设 x_1 是 b_{i1} 上的一个数据点，x_2 是 b_{i2} 上的一个数据点，将 x_1、x_2 分别代入两个超平面公式，其边缘 d 可以通过两式相减得到：

$$w \cdot (x_1 - x_2) = 2 \tag{4.11}$$

$$\|w\| \cdot d = 2 \tag{4.12}$$

$$d = \frac{2}{\|w\|} \tag{4.13}$$

多项式核函数为：

$$f(z) = \text{sign}(\sum_{i=1}^{n} \lambda_i y_i (x_i \cdot z + 1)^2 + b) \tag{4.14}$$

（3）训练和测试 SVM 模型。

SVM 较其他分类器增加了一个要求，其决策边界的边缘必须是最大的，目标函数为：

$$f(w) = \frac{\|w\|^2}{2} \qquad (4.15)$$

SVM 的学习任务可以形式化地描述为：

$$\min_w \frac{\|w\|^2}{2} \qquad (4.16)$$

上式受限于 $y_i(w \cdot x_i + b) \geqslant 1, i = 1, 2, \cdots, N$（如图 4-4）。

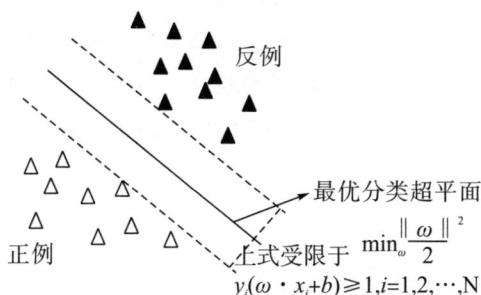

图 4-4　SVM 分类示意图

（4）SVM 分类器评测。

为了检验 SVM 分类器对社交媒体谣言分类的准确性，在 SVM 完成样本测试后，需要对其进行评测，以确保对全部样本进行分类的准确性。目前，针对分类器的评测指标大致有"准确率（P）+召回率（R）+综合分类率（F）"、算法精度、ROC 与 AUC、微平均与宏平均等。本书拟采用"准确率（P）+召回率（R）+综合分类率（F）"进行评测。具体表达公式如下：

$$\text{准确率}(P) = \frac{a}{a+b} \qquad (4.17)$$

$$\text{召回率}(R) = \frac{a}{a+c} \qquad (4.18)$$

$$\text{综合分类率}(F) = \frac{2 \times P \times R}{P+R} \qquad (4.19)$$

其中，a 为谣言被正确分类到谣言的数量，b 为非谣言被错误分类到谣言的数量，c 为谣言被错误分类到非谣言的数量

(5) 社交媒体谣言情感极性判断。

在对东方财富网股吧信息进行筛选后，自动辨识出了"社交媒体谣言"，得到了关于谣言的具体内容（文本信息）、关注度（阅读量）、传谣者信息（网名）、传谣时间等重要信息。但是，关于网络谣言的情感极性，或者说其情感方向（积极或消极）还没有得到认识，此时，需要对筛选出的网络谣言，进一步作情感极性的判断，以更为全面地了解网络谣言的情感倾向性分析，是对传谣者倾向性、观点和态度的划分，对下一步开展量化研究提供重要的基础信息。谣言情感极性判断技术线路如图4-5所示。

依据行为金融理论，证券市场的波动受投资者情绪的影响（De Long et al.，1990）。在媒体文本量化处理过程中，除了保留描述公司基本面情况的专有名词外，还应当考虑在媒体表述中影响投资者心理变动的情感词。为了提取文本的情感因素，研究者尝试运用基于词法或句法的情感分析技术来量化一篇媒体文档的正面或者负面情感倾向。例如，Tetlock et al.（2008）利用哈佛大学的通用情感词库Harvard-Ⅳ-4，通过计算新闻中的正面词语和负面词语的比例来量化新闻中的情感因素对证券市场波动的影响。王超等（2009）利用文本倾向性算法计算出新闻的信息褒贬值，并将其作为针对股价波动率的时间序列模型的外部变量，来提高股价波动率的预测。Schumaker et al.（2012）利用匹兹堡大学研发的情感分析软件Opinion Finder得到了一篇新闻的情感指数，发现将新闻的名词和情感指数综合考虑会更加有效地刻画新闻和证券市场波动的关联。但是由于缺乏中文财经情感词库，为了提高中国证券市场研究的情感分析准确率，大多数研究者不得不采用人工阅读判别方法，极大限制了样本数量并增加了判断结果的主观差异性（李培功和沈艺峰，2010；游家兴和吴静，2012）。

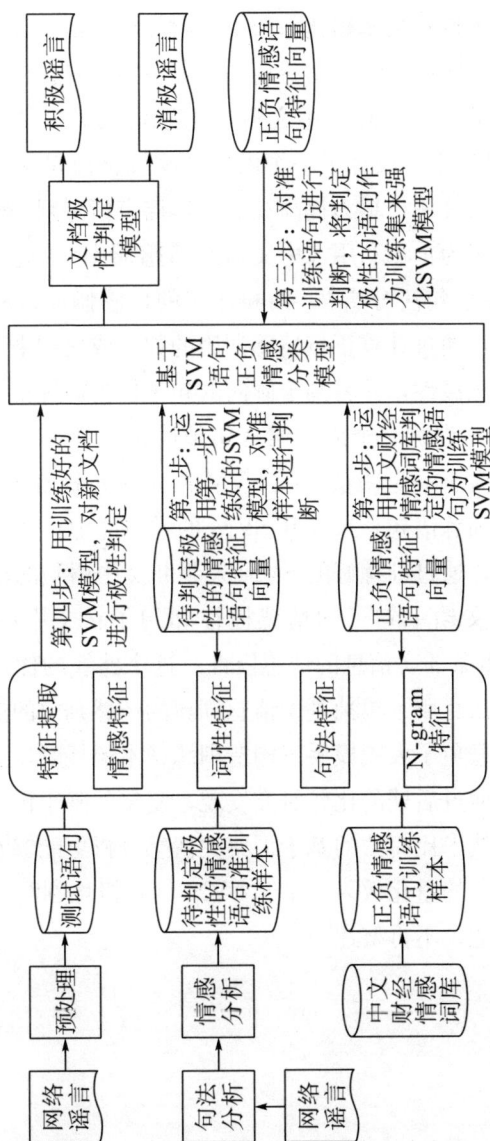

图 4-5 基于机器学习的文档情感极性判定技术线路图

本书结合不同类型的社交媒体谣言语料库和证券市场波动特

征，通过文本挖掘技术构建一个中文财经谣言情感词库。通过比较性研究，探明中文通用情感词和财经情感词对社交媒体谣言文本信息量化的差异。在《中文财经情感词库》（Q. Li et al.，2014a）的基础上，设计了一个面向社交媒体海量文本信息的无监督情感分析算法，尽力提高社交媒体谣言情感判别模型的准确性。核心思想为：①利用《中文财经情感词库》（Q. Li et al.，2014a）并结合句法分析[①]，判断谣言的情感倾向，利用中文财经情感词典，通过计算正负情感词语的数量或比例来判断社交媒体谣言的情感极性，并将判定倾向的句子作为训练集，用支持向量机（SVM）训练一个面向谣言句子情感的判定模型；②将准训练语句中大于一定阈值并被 SVM 判定正负极性的语句提出，并作为新的训练语句，来提升 SVM 的学习能力；③对于一条新的谣言信息，通过训练好的 SVM 来判断文中语句的情感正负极性，并根据文档中句子的情感极性和句子在文中的位置重要性[②]，判断整条谣言信息的情感极性。这个路线的优点在于利用机器学习算法克服了单独基于情感词典的情感判定的低召回率的问题，同时避免了大规模手工构造训练样本的耗时，适合海量文本的处理。通过后期的比较研究发现，复杂的基于机器学习的文档情感分析技术比简洁的基于词典的情感分析更能够有效地提高社交媒体谣言的量化效果。基于 SVM 情感极性判断的具体分类原理如前所述，不再赘述。

---

① 依据句法分析设定相关规则，从而解决比较、转折、否定等句式对情感倾向判断的干扰。

② 文章标题、起始句、段落首句、段中语句的情感重要性是不一致的。

4.3 谣言信息自动识别实验过程

4.3.1 实验方法与数据

1. 实验方法

在机器学习领域，"n①折交叉验证法"被称为"留一法"，留一法的优点在于每次迭代都使用了最大可能数目的样本来进行训练，同时具有较好的确定性。本书采用十折交叉验证②（10－fold cross validation）的方法对实验进行评测。十折交叉验证就是将本书选取测试集（K）中的文本信息随机分成 10 份，使用其中 9 份进行训练而将另外 1 份用作测试，该过程重复 10 次，每次使用的测试文本不同。具体步骤如下：

第一步：每一次迭代时留存其中 1 份。

第二步：用其他 9 份文本信息训练分类器。

第三步：利用留存的文本信息来测试分类器并保存测试结果。

上述三个步骤重复 10 次。

2. 实验数据

第一步：样本选取。

本书结合中国证监会澄清公告，构建了"中国证券市场谣言库"，其中包括了 2006 年至 2015 年沪深市场的谣言样本 12323

①　n 是指数据集中样本的数目。
②　英文名叫作 10－fold cross－validation，是常用的用于测试算法准确性的测试方法。

个，涉及 1767 家上市公司。从"中国证券市场谣言库"中找出任意 1 万条谣言信息样本（A)，再找到任意 1 万条非谣言信息样本（B)，共计 2 万条论坛文本信息（$M = A + B$)，作为实验数据样本。

第二步：构建训练集（$H = C + D$)。

从样本数据中随机抽取 90%谣言信息样本（C)、90%非谣言信息样本（D)作为训练集，把它们平均分为 10 份，作为训练集。

第三步：构建测试集（$K = E + F$)。

将剩余的 10%谣言信息样本（$E = A - C$)和 10%非谣言信息样本（$F = B - D$)平均分为 10 份，作为测试集。

4.3.2 实验评测

按照预订实验方法，使用预备实验数据，采用十折交叉验证方法，进行实验评测，评测结果如表 4-5。

表 4-5 十折交叉验证结果表

验证次数	分类			分成谣言信息			分成非谣言信息	谣言/非谣言分类正确率
	实际类别	情感属性	数量	总数	按情感属性分类	情感分类准确率	数量	
1	实际为谣言信息	积极	700	695	497	71%	305	78%
		消极	300		198	66%		
	实际为非谣言信息	—	1000	145	—		855	
2	实际为谣言信息	积极	700	796	574	82%	204	76%
		消极	300		222	74%		
	实际为非谣言信息	—	1000	267	—		733	
3	实际为谣言信息	积极	700	723	522	75%	277	71%
		消极	300		201	67%		
	实际为非谣言信息	—	1000	298	—		702	

验证次数	分类			分成谣言信息			分成非谣言信息	谣言/非谣言分类正确率
	实际类别	情感属性	数量	总数	按情感属性分类	情感分类准确率	数量	
4	实际为谣言信息	积极	700	705	498	71%	295	82%
		消极	300		207	69%		
	实际为非谣言信息	—	1000	57	—		943	
5	实际为谣言信息	积极	700	732	521	74%	268	79%
		消极	300		211	70%		
	实际为非谣言信息	—	1000	157	—		843	
6	实际为谣言信息	积极	700	675	476	68%	325	76%
		消极	300		199	66%		
	实际为非谣言信息	—	1000	149	—		851	
7	实际为谣言信息	积极	700	690	500	71%	310	69%
		消极	300		190	63%		
	实际为非谣言信息	—	1000	302	—		698	
8	实际为谣言信息	积极	700	710	488	70%	290	72%
		消极	300		222	74%		
	实际为非谣言信息	—	1000	277	—		723	
9	实际为谣言信息	积极	700	768	544	78%	232	73%
		消极	300		224	75%		
	实际为非谣言信息	—	1000	307	—		693	
10	实际为谣言信息	积极	700	738	546	78%	262	76%
		消极	300		192	64%		
	实际为非谣言信息	—	1000	222	—		778	
累计	实际为谣言信息	积极	7000	7232	5166	74%	2768	75%
		消极	3000		2066	69%		
	实际为非谣言信息	—	10000	2181	—		7819	

SVM 分类器性能评测指标：准确率（Precision）：$P = \dfrac{a}{a+b}$

$$= \frac{7232}{7232 + 2181} = 76.82\%$$

$$召回率(Recall):R = \frac{a}{a+c} = \frac{7232}{7232+2768} = 72.32\%$$

$$综合分类率:F = \frac{2 \times P \times R}{P+R} = \frac{2 \times 76.82\% \times 72.32\%}{76.82\% + 72.32\%}$$
$$= 74.50\%$$

根据上述"十折交叉验证结果表"和"SVM分类器性能评测指标",本书认为:①SVM分类器综合分类率达到74.50%,说明分类器对于社交媒体谣言的分类性能良好,可以对通过抓爬程序抓爬出的东方财富网股吧的全部信息进行自动辨识;②SVM分类器对社交媒体谣言的情感极性分类的平均准确率达到71.5%,说明分类器情感极性分类性能良好(Q. Li et al., 2014a),可以通过训练好的SVM分类器进行社交媒体谣言的情感判别,实现了不同特征及其组合对社交媒体谣言识别的有效性,也甄别了不同机器学习算法对社交媒体谣言识别的有效性。

最后,经训练好的SVM分类器从3760万条信息中自动辨识出"社交媒体谣言"信息43万余条,搭好了"社交媒体谣言—投资者情绪—证券市场波动—金融风险"研究链条上的"第一环",为实施社交媒体谣言量化提供了重要的基础文本信息。同时,本书首次对中文财经"社交媒体谣言"做了全面深入的描述与分析,为更加全面形象地认识我国证券市场的"社交媒体谣言"提供了重要参考。

4.4 证券市场谣言信息特征分析

4.4.1 谣言信息基本情况分析

经过"社交媒体谣言自动辨识"技术的甄别,东方财富网股吧现有个股论坛"社交媒体谣言"信息量如表 4-6 所示。

表 4-6　东方财富网股吧个股论坛信息量示意表

年份	论坛信息	谣言信息	
	数量（条）	数量（条）	占比（％）
2007	840	57	6.79
2008	21647	722	3.34
2009	11881	328	2.76
2010	6798	204	3.00
2011	8483	403	4.75
2012	9268	428	4.62
2013	17922	3418	19.07
2014	36343	2333	6.42
2015	15640623	195271	1.25
2016	22054662	235153	1.07
合计	37808467	438317	1.16

截至统计日（2016 年 12 月 14 日），东方财富网股吧信息量中的 2007—2014 年数据存在删减的可能，原因判断为网络论坛承载量受限所致，论坛信息中 2015 年、2016 年的论坛信息数据基本完整，可以作为下一步研究分析的基础数据。

4.4.2　谣言信息描述性统计

根据对东方财富网股吧信息基本情况的分析，本书将以 2015 年、2016 年的谣言作为研究对象，从 8 个方面作了描述性统计和特征分析。

1. 情感极性分布

本书将社交媒体谣言按情感极性进行了分类。在本章前面部分，通过支持向量机（SVM）分类器进行情感分类，已将东方财富网股吧信息中谣言部分的信息，按照情感词属性进行了分类，分为了积极谣言①和消极谣言②。从分类的结果来看（图4-6），其以积极谣言居多，占比高达82%；消极谣言偏少，占比仅为18%。这与何欣（2012）研究结论基本一致。由此可以看出，谣言的情感极性分布极不均匀。目前，在我国股票社交媒体谣言中，以积极向好的谣言为主，其主要原因与我国证券市场缺乏做空机制有关。造谣者通过消极谣言打压股市不能带来收益，而通过制造和传播积极向好的谣言信息企图抬高股价从中获利显得更为容易。

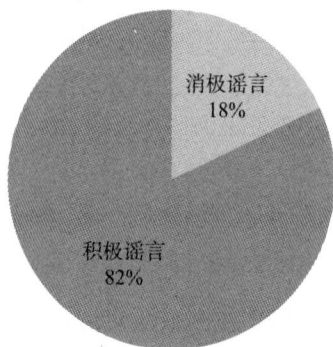

图4-6　网络谣言情感极性分布

2. 所涉交易所分布

从谣言所涉交易所来看（图4-7），深圳市场明显多于上海市场，说明谣言制造者更关注深圳市场，这可能与我国证券市场结构有一定关系。中小板股票、创业板股票都集中在深圳市场，相对上海市场而言，深圳市场中小规模的公司和民营企业居多，这部分企业更容易受到社交媒体谣言的冲击，因此造谣者也更"热衷于"深圳市场。

---

① 对公司发展具有正向作用的谣言信息。
② 对公司发展具有负向作用的谣言信息。

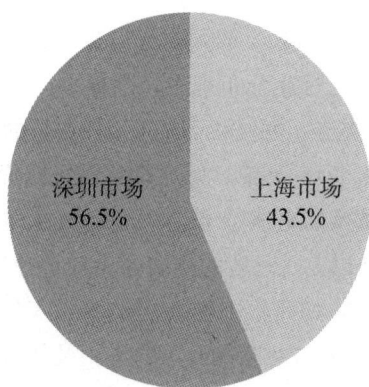

图 4-7　网络谣言所涉交易所分布

3. 板块间分布

本书将中国股市分为沪深主板市场（含上海 A 股、深圳 A 股）、中小板市场、创业板市场①。与板块市值占比进行比较，涉及中小板市场、创业板市场的社交媒体谣言占比高于沪深主板市场（图 4-8）。

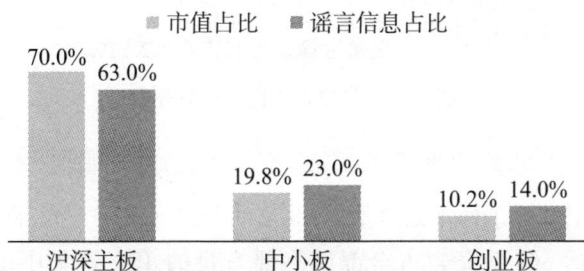

图 4-8　网络谣言板块间分布

---

①　由于 B 股市值占比与网络谣言占比均不及 0.2%，样本太小，故本书研究内容不包含 B 股。

4. 行业分布

从社交媒体谣言行业分布来看，根据中国证监会行业划分类别①，按 143 个小类分，网络谣言占比前 10 位的行业均与百姓生活息息相关（图 4-9）。其中，房地产开发与经营业、计算机应用服务业和电器机械及器材制造业这三大行业在样本期间的网络谣言数量均在两万条以上，三者的网络谣言数量合计占到 10 大网络谣言行业的 42.9%。如此集中的社交媒体谣言分布，反映了媒体和资本对房地产市场、"互联网+"的运用及代表工业 4.0 的智能制造等领域的高度关注，这与社会热点问题具有同步性与一致性。

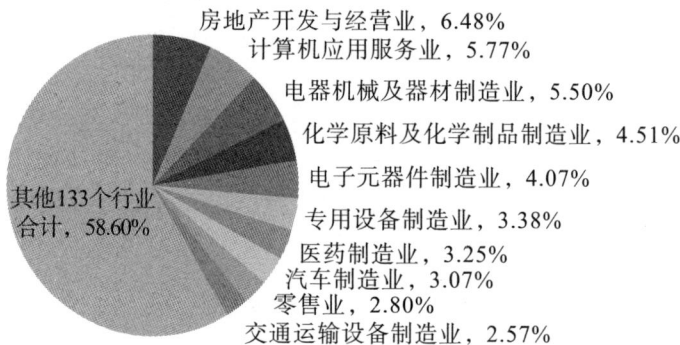

房地产开发与经营业，6.48%
计算机应用服务业，5.77%
电器机械及器材制造业，5.50%
化学原料及化学制品制造业，4.51%
电子元器件制造业，4.07%
专用设备制造业，3.38%
医药制造业，3.25%
汽车制造业，3.07%
零售业，2.80%
交通运输设备制造业，2.57%
其他133个行业合计，58.60%

图 4-9　社交媒体谣言行业分布

5. 公司集中度分布

本书统计了样本谣言量前 50 家的公司（表 4-7），网络谣言量合计达 66827 条，占全部网络谣言量的 15%，集中度较高。网络谣言量排名前 50 家公司大部分属于行业细分龙头，且大部分是沪深 300 指数的成分股，其媒体关注度和资金关注度都相对较高，流通市值和总市值在其所属板块中均比较靠前，股票的波动率和换手率相对较大。分板块来看，这些股票在主板市场、中

---

①　中国证监会把行业划分为 13 个大类 143 个小类。

小板市场和创业板市场均有分布，其中主板市场 38 只，占比达到 76%；而中小板市场 8 只；创业板市场 4 只。这说明主板市场作为我国资本市场最主要的组成部分，受到较多的舆论关注。分行业来看，网络谣言较多的股票大多来自房地产、电器、交通等与百姓生活息息相关的行业领域，与网络谣言的行业间分布基本一致。同时，也可以基本发现在社会化媒体影响下，哪些公司容易受到社交媒体谣言的冲击。社交媒体谣言会对上市公司经营决策和公司治理带来影响与冲击。上市公司若对社交媒体谣言的及时有效的信息披露，将有助于提升其市场表现。

表 4-7 观察期内社交媒体谣言量前 50 上市公司列表

排名	股票代码	公司名称	网络谣言量	排名	股票代码	公司名称	网络谣言量
1	300104	乐视网	5409	26	600570	恒生电子	1089
2	000002	万科 A	4105	27	000100	TCL 集团	1073
3	601899	紫金矿业	4004	28	000025	特力 A	1011
4	600503	华丽家族	2092	29	601985	中国核电	992
5	601766	中国中车	2011	30	601857	中国石油	928
6	600030	中信证券	1962	31	600130	波导股份	923
7	601989	中国重工	1909	32	600200	江苏吴中	911
8	002024	苏宁云商	1838	33	601668	中国建筑	901
9	000651	格力电器	1795	34	601988	中国银行	892
10	000413	东旭光电	1619	35	000063	中兴通讯	882
11	002594	比亚迪	1598	36	600000	浦发银行	819
12	600401	海润光伏	1548	37	002070	众和股份	816
13	000839	中信国安	1495	38	002168	深圳惠程	805
14	600839	四川长虹	1423	39	600050	中国联通	805

续表4-7

排名	股票代码	公司名称	网络谣言量	排名	股票代码	公司名称	网络谣言量
15	600556	ST慧球	1423	40	300315	掌趣科技	802
16	600696	匹凸匹	1391	41	000520	长航凤凰	798
17	000819	岳阳兴长	1383	42	000009	中国宝安	797
18	600868	梅雁吉祥	1370	43	300372	欣泰电气	768
19	000725	京东方A	1248	44	000541	佛山照明	758
20	002506	协鑫集成	1168	45	601390	中国中铁	744
21	600360	华微电子	1138	46	000917	电广传媒	741
22	000629	*ST钒钛	1137	47	002227	奥特迅	729
23	002466	天齐锂业	1131	48	002407	多氟多	710
24	000982	中银绒业	1126	49	600166	福田汽车	709
25	300431	暴风集团	1101	50	600028	中国石化	703

6. 发布时间分布

第一，日内发帖时间分布。

社交媒体谣言在一天中的发布时间（图4-10）有两个明显波峰，分别为10：00—12：00、14：00—15：00。可以看出，社交媒体谣言的发布与我国股票市场的交易时间基本吻合；也在一定程度上说明，投资者在进行股票交易的过程中，容易受到股吧信息的影响。20：00—23：00为社交媒体谣言发出小高峰时段，这与移动端App的快速普及有关，说明我国投资者已经在很大程度上依赖于移动端设备，通过移动App参与讨论股市已经成为一种习惯。这也说明当天的谣言对证券市场存在滞后影响。在第6章关联分析中除了分析社交媒体谣言与证券市场当期关联关系外，还对社交媒体谣言与证券市场的滞后影响做了分析。

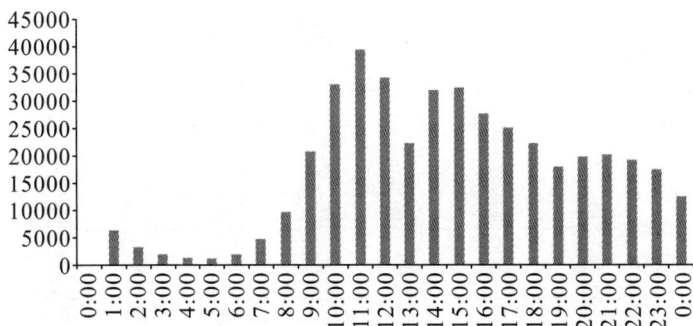

图 4-10　社交媒体谣言日内发帖时间分布

第二，周内时间分布。

CNNIC 第 39 次互联网报告显示"2016 年我国网民人均上网时长为 26.4 小时"，而社交媒体谣言在一周内哪一天最多呢？从图 4-11 可以看出，从周一逐步上升，周四达到最高点，在周五略低，周六周日跌到波谷。这与证券市场的"周五效应"① 较为吻合，传谣者在周四便开始"预热"，为"周五效应"下的交易进行"舆论"准备。本书的统计数据显示，国家法定节假日（含周末）的社交媒体谣言信息量低于周平均水平，说明我国投资者在节假日对股吧的关注度最低。

---

① 周五效应：周五通常会预测周末两天政策面将出现什么变化而做出买入或卖出股票的举动。

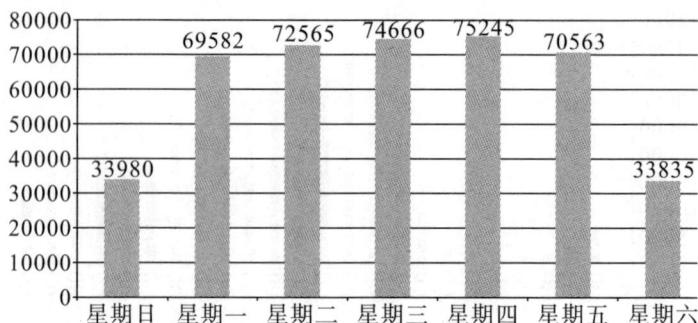

图 4-11　社交媒体谣言周内发帖时间分布

第三，观察期内时间分布。

从每日条数走势图（图 4-12）可以看出，社交媒体谣言的"每日条数走势"与"上证综指、深圳成指、沪深 300、中小板指、创业板指"这五大股指的走势基本吻合（见图）。橙色曲线代表的网络谣言"每日条数走势"显示，牛市中，社交媒体谣言的散布相对较少、趋势平缓，而在"熊市"中则有爆发加速之势，观察期内有三个时段较为清晰地显示了这一特征。

图 4-12　观察期内社交媒体谣言每日发帖条数分布

一是 2015 年 1 月 1 日至 6 月 12 日，该时段股市为典型的牛市，网络谣言"每日条数""持续平稳低量"，每日平均仅 30 条网络谣言。二是从 2015 年 6 月 15 日至 2015 年 7 月 30 日，谣言"每日条数"经历了"爆发、持续高量"的变动过程，在这 33 天股市的持续暴跌中，每日有平均高达 1258 条的谣言，2015 年 7 月 2 日的谣言达到 2942 条的巅峰。三是 2016 年 1 月 4 日至 2016 年 1 月 14 日，中国股市受"熔断机制"风波影响，谣言四起，9 天时间的社交媒体谣言均值高达 1117 条，接近 2015 年熊市社交媒体谣言均值最高峰；而在"熔断机制"事件平息后的 20 天，社交媒体谣言日均值降到 696 条，逐步回落。

综上可以看出，社交媒体谣言造谣者更擅长于在熊市发布谣言，而且熊市期间的"积极谣言"占比高达 92%，这可能与我国证券市场机制有关。由于我国证券市场长期缺乏做空机制，造谣者传播"消极谣言"难以从中获利，于是就利用投资者的从众心理，在熊市大量散布"积极谣言"，试图影响甚至操纵证券市场并从中渔利。

7. 发帖者特征分布

通过对东方财富网股吧信息的自动辨识，本书得到 43 万条网络谣言信息，而经过分析发现，按照"网名"进行分类汇总（剔除未标注网名的发帖者），发帖者仅有 14.29 万个，社交媒体谣言信息的发出集中在部分人，造谣者制造谣言量前 10 名如表 4-8，这说明存在一批潜在的"网络水军"。

表 4-8 造谣者制造谣言量前 10 名

排名	网名	谣言发帖量	排名	网名	谣言发帖量
1	传闻信不信	8245	6	快乐寒雪城	919
2	看看不坏	1702	7	虱子多了不愁咬	646

排名	网名	谣言发帖量	排名	网名	谣言发帖量
3	空白	1334	8	绿地控股606	579
4	利好速递	1304	9	寒雪诚	547
5	程石sunny	969	10	股市我的全部	487

通过分析发现，这类"网络水军"的情绪倾向性明显，他们为了制造舆论气氛，通常言论偏激，情感色彩浓厚，同时，为了制造舆论，鲜有自己的观点，多对一条帖子进行大量的转发和评述，以扩大影响力，如发帖者排名第一的"传闻信不信"在2015年11月9日的一则社交媒体谣言信息"美国梅奥医疗集团将加盟京东方医疗？"引发阅读量高达137668次（如图4－13）。可以见得，中国证券市场社交媒体谣言的"意见领袖"开始出现，这些"意见领袖"为他人提供信息、观点或建议并对他人施加个人影响，进一步扩大了社交媒体谣言的传播渠道并增加了可信度（蔡盈洲，2014）。

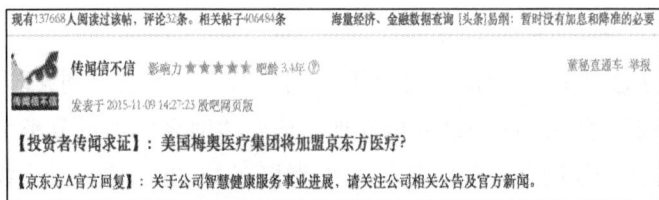

图4－13　最大社交媒体谣言制造者谣言截图

8. 阅读量与跟帖量分布

社交媒体谣言阅读量描述性统计如表4－9所示。

表4－9　社交媒体谣言阅读量描述性统计表

特征	最大值	最小值	均值	中位数	标准差
阅读量	15636964	0	3036	6492	39177

特征	最大值	最小值	均值	中位数	标准差
跟帖量	10984	0	1278	6.59	66.64

阅读量最大的一条为 2016 年 4 月 1 日内容为"万科公司重组已有时间表?"的谣言信息,阅读量高达 15636964 次(如图4－14)。此时,正值"华润收购宝能所持万科股份"风波事件舆论中,社交媒体谣言加剧了未经证实舆论的传播面,进一步将其发酵、放大。网民的热衷点击,也反映出谣言总是在"不明真相"的投资者中广为传播,这正说明普通投资者对真相的渴望(Bodia,2004)。同时,不少谣言都以疑问句的形式传递,传谣者也旨在向他人询问、向官方求证,在一轮一轮的传递和讨论中,期待真相浮出水面。

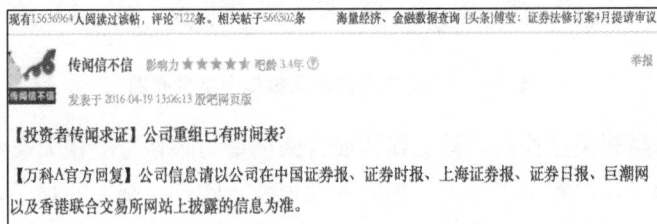

图4－14 阅读量最大的社交媒体谣言截图

从图4－15 可以看出,有超过一半以上的阅读量集中在1000~4000 次之间。这从一个方面印证了谣言的人际交往动机(周裕琼,2012),即谣言可以作为和陌生人交往的敲门砖,通过分享谣言积累声望。一旦谣言被证实,谣言受众便对传播者肃然起敬,在未来将对其网络言论赋予更高的信任值。哪怕谣言被证伪,也往往一笑了之,不予深究。因此,在网络谣言的传递过程中,谣言若被证实则惠而不费,若被证伪也不受惩罚,谣言自然成为拓展人际感情纽带和拓宽人际网络的法宝。同时,这也从另一方面印证了证券市场"沉默的螺旋效应",即投资者在表达观点时,多数人会积极参与自己赞同的观点,且会快速扩散,若观点无人问津,即便是自己赞同,也可能会保持沉默,最终形成意见一边倒。

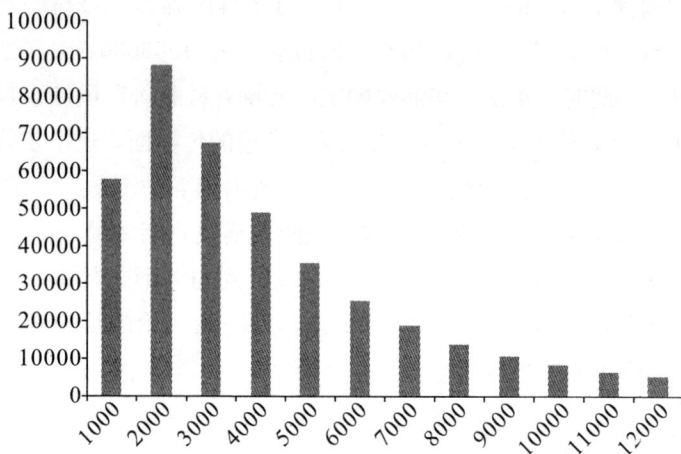

图 4-15 网络谣言阅读量集中度分布图

经相关性检验,社交媒体谣言阅读量与跟帖量的相关系数为0.8897,二者呈正相关,相关程度很高。阅读量越大的帖子,回复量也越大。这也从某种程度上印证了证券市场的"羊群效应",即投资者受到多数人的影响,跟从大众的思想或行为,也被称为"从众效应"。在证券市场中,"羊群效应"可以使股票价格短时间内上涨到一个不合理的水平。

4.5 本章小结

本章通过网络爬虫程序成功抓爬了东方财富网股吧文本信息3780万条,解决了社交媒体视角下海量社交媒体文本信息的抓爬难题；采用机器学习方法（SVM），首次提出了自动辨识网络论坛谣言的技术路径，通过实验测评，综合分类率较好，SVM分类器性能可靠，能实现对东方财富网股吧谣言信息的自动辨识，为进一步探索机器学习与财经领域的深度结合做了有益尝试，为后续研究网络谣言与证券市场的关系积累了大量数据和经验。本章主要贡献在于，面对海量的网络论坛数据，运用计算机技术，成功实现了基于大数据的网络海量论坛数据的抓爬；利用智能化技术，实现了谣言的自动辨识，不再局限于关于谣言的案例研究和抽样统计研究，为更加科学深入地剖析研究大数据背景下互联网媒体对证券市场的影响奠定了坚实的基础；首次全面刻画了我国证券市场"社交媒体谣言"的现状及特征，为证券市场参与各方提供了重要参考，具有较好的实践意义。

在成功实现社交媒体谣言的自动辨识之后，研究主链条上重要的"第一环"被搭好，为继续搭建"第二环——社交媒体谣言的量化"做好了准备。而如何客观有效地量化社交媒体谣言，是准确反映投资者情绪的关键，"第二环——社交媒体谣言的量化"在本书研究主链条上扮演着重要角色，只有将"第二环"稳稳搭好，才能与证券市场"牵上线、搭上桥"。

5 社交媒体谣言信息量化研究

通过机器学习方法（SVM），本书在上一章实现了社交媒体视角下谣言信息的自动辨识，为"社交媒体谣言—投资者情绪—证券市场波动—金融风险"这一链条搭好了"第一环"，为研究社交媒体谣言与证券市场的关系提供了重要的基础文本信息。然而，如何客观有效地量化社交媒体谣言，准确反映投资者情绪，并与证券市场数据关联，以建模进行分析，那么继续搭好"第二环——社交媒体谣言的量化"是关键环节。而要量化社交媒体谣言，追踪一段时间内"社交媒体谣言"这一变量的变化情况，用以测定不能直接相加和不能直接对比的诸如"社交媒体谣言"在内的社会经济现象的动态，统计学上一般使用"指数"来予以反映，也就是通过指数综合反映"社交媒体谣言"这一现象的总体变动程度和方向。因此，本章将通过构建"网络财经论坛谣言指数"（Internet Financial Forum rumor index，IFFRI）来量化社交媒体谣言的文本情感极性和情感强弱度，将其融入传统的计量经济学模型中分析社交媒体谣言对证券市场的影响力，综合测定社交媒体谣言变动的程度和方向，搭好"第二环"，为本书继续研究主链条上的"第三环——社交媒体谣言对证券市场影响的量化分析"做好准备。

5.1　理论依据

5.1.1　国内外研究现状

Huth and Maris（1992）研究发现，在谣言信息的影响下，投资者通过改变对股票的关注度，也就是改变投资者的投资信念与价值偏好，从而给股价带来冲击效应。Shleifer（1998）认为影响投资者改变或形成投资理念与偏好的过程就是投资者情绪形成的过程。通过查阅文献，在资本市场上，测度、量化投资者的情绪常用投资者情绪指数的方式。而本书是基于网络论坛谣言的视角来研究媒体信息对股票价格的影响，其投资者情绪的度量可以转化为对谣言指数的表达。因此，只有将社交媒体谣言量化，才能更好地与证券市场的数据建立关系，于是本书首次提出并试图构造谣言指数，以此作为测度、量化投资者在谣言信息作用下的总体反应方向和程度。通过查阅的文献，发现目前国内外还没有文献提及谣言指数，大多还是基于投资者情绪测度的研究。通过梳理现有文献，投资者情绪指标主要有两类，一类为单一指标，一类为综合指标，详见表5-1。

表5-1　投资者情绪测度主要代表

方法	方法简介	代表文献
单一指标	将消费者信心指数用作投资者情绪的直接代理指标	Bernstein and Pradhuman（1994）、Fisher and Statman（2000）、Qiu and Welch（2004）
	投资者信心指数、中国股市投资者信息指数	UBS/Gallup、耶鲁-CCER、Brown and Cliff（2004）、

续表5-1

方法	方法简介	代表文献
单一指标	央视看盘指数	饶育蕾等（2003）、王美今等（2004）
	好淡指数	程昆、刘仁和（2005）
综合指标	BW 情绪指数	Baker and Wurgler（2006）
	CICSI 中国股市月度投资者情绪综合指数	易志高等（2009）

1. 单一指标

单一指标是指通过一个指标测量投资者情绪倾向和程度。单一指标又分为直接指标和间接指标。

第一，直接指标。

直接指标也被称为主观指标，即通过问卷调查方式搜集投资者对预期行情的看法。其方法是基于投资者对下一期行情涨跌幅度的不同看法的比例或者对未来经济和投资前景的乐观、悲观看法（通常认为是事前的调查），构造投资者情绪指数，如投资者智能指数（III）、美国个体投资者协会指数（AAII）、华尔街分析师情绪指数、友好指数、央视看盘 BSI 指数、中证报 BSI 指数、好淡指数、UBS/Gallup 发布的投资者信心指数、巨潮投资者信心指数等。

第二，间接指标。

间接指标也被称为客观指标或代理指标，即通过市场公开的统计数据，客观、间接、事后或侧面地反映投资者的心理状况，如封闭式基金折价（CEFD）、IPO 数量及首日收益（RIPO）、市场整体换手率（TUOV）、价值因子（LMHB）、动量因子（MOM）等。

单一指标中，直接指标可直接反映投资者的情绪变化，但由于主观因素过浓，其指标测量准确度不高；间接指标尽管客观且容易获得，但是对于反馈投资者情绪的倾向是不够的。国内目前调查的连续性和数据准确性较差，研究者更多采用"央视看盘"或《中国证券报》的数据进行分析，但是这些单一情绪指标仅能反映一定视角下的投资者情绪，不同指标代表了对证券市场不同的影响力和解释力，仅仅通过单一指标研究投资者情绪与证券市场的关系是不够的。

2. 综合指标

综合指标也被称为复合指标，即将多个单一指标综合起来，构造成一个综合指标，以此来综合度量投资者情绪，从总体上反映市场情绪水平和变化趋势。

综合指标中最具代表性的是 BW 指数（Baker and Wurgler，2006），它以封闭式基金等六项指标为基础，采用主成分分析法，构造了测量投资者情绪的综合指数。这个指标较单一指标更客观、全面、真实地反映了投资者的情绪变化。随后，林百宏（2008）、易志高等（2009）、林清泉等（2012）均在此基础上结合我国实际，对其进行了优化完善，形成了各有所长的投资者情绪指数。但是，这个综合指标对于变量的选取具有一定的主观性，构造出的投资者情绪指数尚缺一定的理论依据。

综上，国内外目前针对投资者情绪测度还没有一个统一的标准方法，BW 情绪度量方法出现之后，多变量综合度量投资者情绪成为一种趋势，这也是本书构造 IFFRI 指数的重要理论基础。

5.1.2　基于媒体信息的投资者情绪度量评述

目前，国内外学者对于媒体信息对投资者情绪的影响越来越予以重视。但是，通过梳理现有文献，发现专门针对媒体信息的投资者情绪度量方法不多，方法也不尽相同。总结如表 5-2。

表 5-2 基于媒体信息的投资者情绪度量研究进展表

方法简介	代表文献
通过网络论坛帖子数量预测次日交易量和超额收益	Wysocki（1999）
网络推荐信息比例可以度量投资者情绪	Dewally（2000）
搜集上市公司出现在头条新闻报道中的次数（基于 DJNN）	Chan（2003）
发现网络讨论可以预测股市波动率	Antweiler and Frank（2004）
利用媒体负面词项预测上市公司股市回报率	Teclock（2008）
搜集包含上市公司名称和股票代码出现的次数（基于 DJNN）	Bhattacharya（2009）
通过 Lexis-Nexis 搜集了《纽约时报》等四个发行量最大的媒体	Peress（2009）
利用中国期刊网数据库搜索《中国证券报》等四大证券报的新闻	李培功等（2010）
通过 IASK 搜索与上市公司相关的新闻，并编制媒体覆盖指数	饶育蕾等（2010）
基于网络信息通过投资者关注度、投资者情绪比例度量投资者情绪	林振兴（2011）
基于隐性情绪指数视角构造情绪综合指数（ISI）	林清泉、赵文荣（2012）
基于论坛关注度和情感极性构建投资者情绪指数	崔亮（2013）

通过对以上文献的研究分析，发现关于投资者情绪量化的测度最为关键的是样本量和情感极性的判断。一是关于样本量的选取，从现有文献中可以看出，大多采用传统新闻报道作为媒体信息的主要渠道，对于网络媒体（诸如论坛、博客等）尤其是社交媒体为基础作为样本的少之又少，这必然对投资者情绪的量化带来样本不足和缺乏多样性的缺点。二是关于情绪极性的判断，现有文献很少涉及投资者情感极性的判断，对于所涉及的情感极性的判断也多是以人工判断为主，这必然对投资者情绪的方向性判断带来偏差。

随着互联网媒体信息的不断丰富，借助社会化媒体和机器学习获取海量信息成为可能，这在本书第 4 章中通过自动辨识网络论坛的谣言信息予以了验证，这就为进一步研究媒体信息对证券市场的影响提供了丰富的数据支撑，同时，构建合理的度量指标，全面客观反映媒体信息的内涵就成为另一个重要的研究内容，也是本书研究的动机之一。

本书试图厘清谣言信息与股市的量化关系，对谣言信息的度量就成了前提。崔亮（2013）认为网络舆论信息中包含了丰富的投资者情绪信息，通过"面（投资者关注量）点（情感极性）结合"构造了投资者情绪指数，并通过实证验证了指数的有效性，为进一步研究投资者情绪与股市的效应提供了必要的前提。

通过查阅文献，目前暂未查到关于谣言指数的相关资料，本节将试图构造网络财经论坛谣言指数（Internet Financial Forum rumor index，IFFRI），以便更为客观地量化社交媒体谣言与证券市场的关系。

5.1.3 谣言指数的构造依据

统计学指数理论是在编制价格综合指数的实践中和学术探讨中逐步发展起来的。从指数的发展历史可以看出，指数适应于从整体上反应现象变动的总趋势，它将不同场合的复杂资料，化成简单数量，用一个数值反映现象的水平，揭示现象变化的趋势。统计指数有广义与狭义之分，广义指数是指同类指标在不同时间和空间上对比的相对数，而狭义指数是指反映不能直接相加的多要素所构成的随机现象总体数量变动幅度的相对数。本书主要基于社交媒体谣言在时间变动和空间对比中的相对数来构造 IFFRI，符合统计学指数的广义属性，实现了利用机器学习方法来标量化社交媒体谣言对证券市场的影响力度，减少有效信息在标量化过程中的损失。

1. 指标选择

要构造 IFFRI 指数，选择什么指标进行量化是关键环节。网络谣言与传统谣言的特点在本质上是一致的（周裕琼，2012），其传播要经历生成、评估和传播三个阶段（Difonzo，1994）。当论坛谣言信息生成之后，网民通过点击阅读，形成思维评估并进一步再传播，而股票论坛则具有典型的放射状传播[①]属性，将对投资者形成重要的决策影响。Allport（1947）研究认为谣言信息经过传播，其内容将"同化"阅读者思想，使之符合个人的动机情感，使谣言变得更加可信。这意味着，投资者在接受了股票论坛谣言信息之后，通过互联网来传递谣言会更为便利，不会有口口相传时期带来的谣言信息的歪曲或缺损，不需要依靠记忆，只需要通过复制粘贴就可以原汁原味地复述各论坛谣言信息，这为论坛谣言信息的扩散提供了便利。股票论坛阅读者的谣言传播行为如图 5—1。

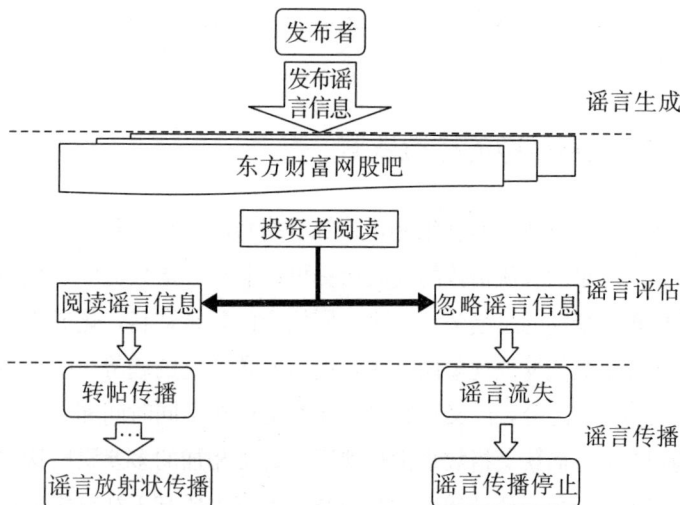

图 5—1　股票论坛阅读者谣言传播行为图示

---

① 网络谣言的传播模式分为链状传播、树状传播、放射状传播和旋涡复式传播（黄爱萍，2003）。

（1）生成阶段。

谣言信息作为发布者针对上市公司的主观评价和自主判断，反映了投资者的不确定性和焦虑是谣言滋生的基础（Difonzo，1994），发布者通过网络论坛自发产生和传播，信息受众自主接收，具有典型的自发性和原创性，此时的谣言信息"原汁原味"，没有受到外界信息的干扰，最为真实地反映了投资者的心理和情绪特征。因此，通过发布者的谣言信息，可以较为客观真实地反映发布者关于上市公司的看法与观点，能够提取出论坛谣言信息中关于投资者的情绪极性。

（2）评估阶段。

投资者接收到谣言信息后，根据自我的判断，确定是否要相信谣言。投资者在考虑其他人的判断的时候，经常出现从众行为，这种行为尽管合情合理，但是是非理性的，这种从众行为符合"信息瀑布理论①"（information cascade）（Bikhchandani，1992）的。正如《2016 年中国互联网新闻市场研究报告》（CNNIC）所指出，中国网民对于网络新闻的真实性仍缺乏质疑意识，直接转发未经核实的新闻的现象普遍存在。数据显示，60.3％的网民在转发前不会核实信息的真实性，这对于虚假新闻信息的传播起到了推波助澜的作用。因此，论坛谣言信息的阅读量和评论量可以较为真实地反应投资者受到谣言信息影响的程度，发布者的情绪极性特征也较为完整地予以了保留和延续。

（3）传播阶段。

首先，从论坛谣言传播的广度来看，当投资者阅读了谣言信息并相信了它是谣言后，他会快速主动地将它传播给身边的好

---

① 信息瀑布理论，又称信息级联理论，描述了当人们的选择受到前人信息的影响时，放弃自己喜好，追随前人的选择的一种现象。"羊群效应"也揭示了该现象。信息瀑布会造成一种情况：即使你的选择并不是你喜欢的，你还是会跟随前人。

友。谣言信息被所了解和信赖的人（也被称为"意见领袖"）传递，他们的意见和观点具有很强的说服力，经过传播，增加了它的可信度。同时，谣言信息还可以在不同社会群体间流动，传播者与群体其他成员保持横向传播关系，又可以通过其他"意见领袖"到达不同的群体。这样，谣言信息就在多个群体间顺利流转（蔡盈洲，2014）。此时的谣言信息在传播之后，保留了发帖者的意思表示和情感极性特征，正如论坛阅读者的评述（图5－2），论坛阅读量是衡量其传播广度的重要指标。

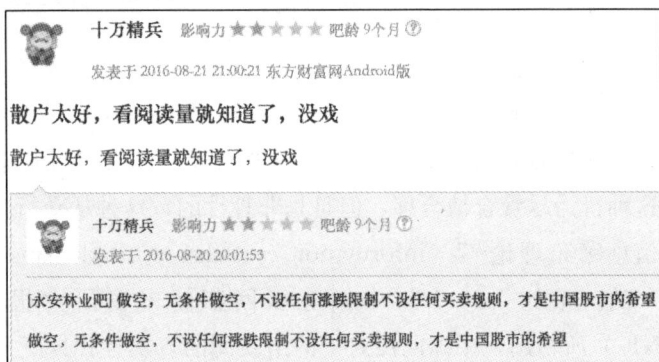

图5－2　东方财富网股吧阅读者关于阅读量的评述截图

其次，从论坛谣言传播的深度来看。由于股票间存在规模差异，对证券市场带来的影响和冲击大小不同，从统计学角度还应当考虑涉谣公司股票市值权重因素。因此，从论坛谣言传播的广度和深度综合考虑，谣言指标的构成应当包括阅读量指标和谣言所涉公司市值指标。

基于上，网络论坛谣言信息内容、阅读量（含评论量）等因素蕴含着某条谣言信息从生成到投资者评估，再到传播的全过程，反映了谣言信息传播的广度和深度，也就是谣言信息通过"放射状传播""感染"受众的程度。同时，论坛谣言信息还蕴含着投资者关于上市公司信息判断的情感极性，也就是对于上市公司投资决策心理的情感倾向。Huth and Maris（1992）研究发现谣言效应将改变投资者的注意力和对股票的关注度，最终导致股票价格的异动。崔亮（2013）通过实证验证了在互联网社交媒体中，投资者对论坛信息内容的阅读量越大，回复率越高，可以认为投资者对该股票的关注度越高；而投资者的积极与消极情绪通过论坛文本信息予以体现，二者联合构建投资者情绪指数有效。

因此，本书拟以网络论坛谣言信息中包含的"阅读量（评论量）指标"（Attention Rate，AR）、"所涉谣言公司市值指标"（Market Capitalization，MC）、"情感极性指标"（Sentimental Polarities，SP）综合作为"网络财经论坛谣言指数"（IFFRI）的构造依据。

2. 指标数据标准化

在确定了指数的构成指标之后，需要将指标逐一进行量化处理，即数据标准化。

（1）关注度指标（AR）。

通过前期的网络爬虫抓爬后得到的本书信息中包含了阅读量和跟帖量数据，将全部谣言信息样本的阅读量和回帖量进行相关性分析，相关系数为 0.877，说明二者具有显著正相关，即股吧论坛帖子的浏览量越高，回复量也越大。因此，本书选取"阅读量"来量化计算关注度指标。

在 t 日，社交媒体谣言信息有 n 条，这时就需要权衡每一条网络谣言信息在关注度指标中的轻重作用，将每条网络谣言信息赋予阅读量权重系数，表示如下：

$$AR_{i,t} = \frac{ar_{i,t}}{\sum\limits_{i=1}^{n} ar_{i,t}} \qquad (5.1)$$

其中：$AR_{i,t}$ 表示第 i 条社交媒体谣言的关注度，$ar_{i,t}$ 表示第 i 条社交媒体谣言 t 日的阅读量，$\sum\limits_{i=1}^{n} ar_{i,t}$ 表示 t 日全部社交媒体谣言阅读量。

（2）所涉公司市值指标（MC）。

通过查询锐思数据库（RESSET），本书得到了 2015—2016
年间上市公司每日市值数据[1]，本书将每日市值数据与 t 日社交
媒体谣言信息所涉公司市值进行匹配。同样，为了权衡谣言信息
所涉公司谣言信息对股市冲击程度的轻重，此时将所涉公司占 t
日全部上市公司（设为 j 家）市值占比作为权重系数，表示如下：

$$MC_{i,t} = \frac{mc_{i,t}}{\sum_{i=1}^{j} mc_{i,t}} \tag{5.2}$$

其中：$MC_{i,t}$ 表示第 i 条社交媒体谣言的所涉公司市值，
$mc_{i,t}$ 表示第 i 条社交媒体谣言所涉公司在 t 日的市值，$\sum_{i=1}^{j} mc_{i,t}$
表示 t 日证券市场全部上市公司（j 家）总流通市值。

（3）情感极性指标（SP）。

本书将社交媒体谣言信息的情感极性分为"积极谣言"与
"消极谣言"。在量化情感极性指标时，本书用 1 表示"积极谣
言"，用 -1 表示"消极谣言"。具体表示如下：

$$SP_{i,t} = \begin{cases} 1, if = 积极谣言 \\ -1, if = 消极谣言 \end{cases} \tag{5.3}$$

3. 指数合成

通过对"网络财经论坛谣言指数"（IFFRI）的各构成指标
进行数据标准化处理后，需要对其进行合成，形成完整的指数表
达式，为本书第 6 章后分析"社交媒体谣言与证券市场的关系"
提供重要的解释变量。IFFRI 表达式为：

$$IFFRI_t = \sum_{i=1}^{n} AR_{i,t} \times MC_{i,t} \times SP_{i,t} \tag{5.4}$$

---

[1] 上市公司市值分为流通股市值与总市值，因谣言信息与上市公司流通股变动
更为紧密，故本书采用流通股市值进行计算。

其中：$IFFRI_t$ 表示 t 日网络财经论坛谣言指数，$AR_{i,t}$ 表示 t 日第 i 条社交媒体谣言的关注度，$MC_{i,t}$ 表示 t 日第 i 条社交媒体谣言所涉公司市值，$SP_{i,t}$ 表示 t 日第 i 条社交媒体谣言的情感极性。

5.2　谣言指数构造过程

本章所构造的 IFFRI 符合广义指数①的概念，它是基于每一条社交媒体谣言信息形成的。IFFRI 是综合反映评价 t 日社交媒体谣言状态的一种相对数，借助 IFFRI 可以分析社交媒体谣言与证券市场的关联关系。IFFRI 的具体构造流程如图 5－3 所示。

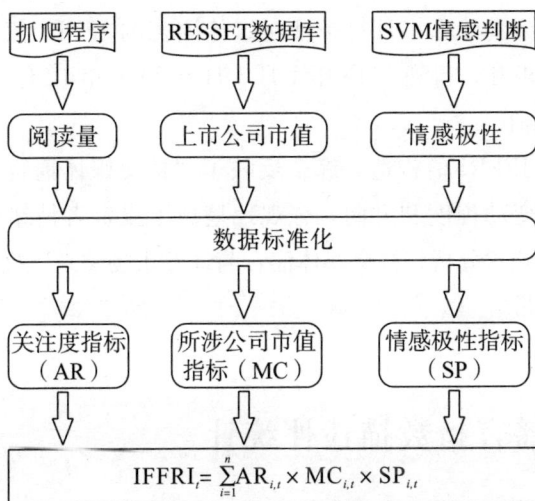

图 5－3　IFFRI 构造流程图

---

①　广义指数是用于测定社会经济现象在时间或空间上综合变动的一种相对数，可以追踪一段时间内变量的变化程度与方向，用以测定不能直接相加和不能直接对比的社会经济现象的总动态。

根据本书 5.1 节的构造理论依据，本书构造的"网络财经论坛谣言指数"（IFFRI）包含（AR）、（MC）、（SP）。具体步骤如下：

第一步：准备基础数据。

通过抓爬程序并经 SVM 分类器分类以后，整理每条网络谣言的"阅读量"，按日逐条排序；通过锐思数据库（RESSET），获得全部上市公司市值数据，按股票代码排序；通过 SVM 分类器分类，得到每条网络谣言的"情感极性"，按日逐条排序。

第二步：数据标准化。

分别按照前文谣言指数各项构成指标的计算依据，计算得到每条网络谣言的 AR 值、MC 值和 SP 值。

第三步：计算 IFFRI。

首先分别计算每日每条社交媒体谣言的 IFFRI 值，然后再将其按日求和，得到 2015 年 1 月 1 日至 2016 年 12 月 14 日的每日 IFFRI 值。

通过 IFFRI 值构造，综合反映了"社交媒体谣言"这一现象的总体变动程度和方向，客观地呈现了投资者情绪的变动趋势，为第 6 章分析"社交媒体谣言与证券市场关系"提供了重要的解释变量。

5.3　谣言指数描述性统计

5.3.1　AR 值描述性统计

根据 AR 计算公式（5.1），观察期内每日每条社交媒体谣言的 AR 值，得到统计值（表 5-3）。

表 5-3 AR 统计值表

统计量	最大值	最小值	均值	中位数	标准差
AR	1	0	0.179293	0.162946	0.132082

从 AR 统计值表可以看出，社交媒体谣言关注度普遍较小，集中于 0.1~0.2 之间，表明每条社交媒体谣言信息在当天总关注度中的占比在 10%~20% 之间。网络谣言关注度较为集中地反映了具有利益共鸣、志趣相投和相同立场的网络个体，在信息筛选与过滤、沉默的螺旋等各种因素的驱动下极易自动联盟（蔡盈洲，2003）。随着网络谣言互动传播的深入，持相似态度、立场和判断的投资者开始逐渐分化重组，形成凝聚子群（贾举，2010）。通过 AR 值可以判断一段时期内社交媒体谣言关注度的集中趋势和离散程度。

5.3.2 MC 值描述性统计

根据 MC 计算公式（5.2），观察期内每日每条社交媒体谣言的 MC 值，得到统计值（表 5-4）。

表 5-4 MC 统计表

统计量	最大值	最小值	均值	中位数	标准差
MC	0.043765	0.0000088	0.0008388	0.00024916	0.002512995

MC 值的最大值为 0.043765，所涉上市公司为"中国石油"。MC 值的最小值为 0.0000088，所涉上市公司为"欣泰电子"。中位数为 0.00024916，标准差为 0.002512，离散程度较大。MC 值按时间分布如图 5-4，可以看出涉谣公司集中在 MC 值小于 0.008 以下的中小规模公司，大型及特大型规模的上市公司涉谣信息相对偏少，这与前文的分析结果基本一致。

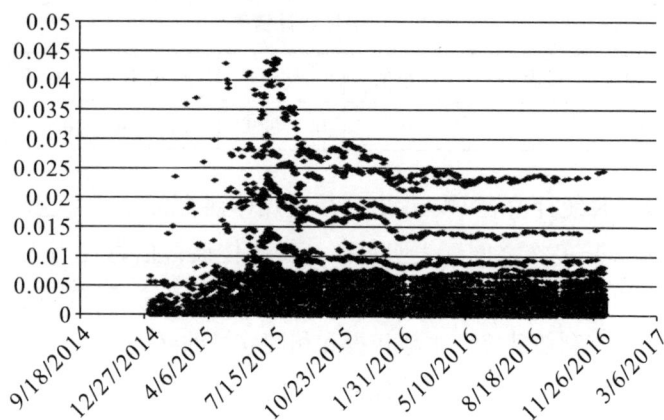

图 5-4　市值权重分布图

5.3.3　SP 值描述性统计

根据 SVM 分类器对"社交媒体谣言情感极性"的自动辨识结果，观察期内网络谣言的情感极性分布如表 5-5。

表 5-5　SP 值统计表

谣言类别	上海市场		深圳市场		合计	
	条数	占比	条数	占比	条数	占比
积极谣言	155344	43.7%	199957	56.3%	355301	82%
消极谣言	31936	42.5%	43199	57.5%	75135	18%
合计	187280	43.5%	243156	56.5%	430436	100%

从分类的结果来看，总体而言以积极谣言居多，占比高达82%；消极谣言较少，占比仅为18%。可以看出，谣言的情感极性分布极不均匀，以积极向好的谣言为主，其最大的原因与我国证券市场缺乏做空机制有关。造谣者通过消极谣言打压股市不能带来收益，而通过制造和传播积极向好的谣言信息企图抬高股

价从中获利显得更为容易。同时，可以看出深圳市场的"积极谣言"占比高于上海市场，是否可以说明，由于深圳市场所涉中小公司较多，造谣者通过"积极谣言"煽动市场情绪，助推投资者交易，更能创造盈利空间，从中渔利呢？

5.3.4 IFFRI 值描述性统计

根据 IFFRI 计算公式（5.4），本书计算了样本期（2015 年 1 月 1 日—2016 年 12 月 14 日）内每日的 IFFRI 值（表 5-6）。

表 5-6　IFFRI 统计值表

统计量	最大值	最小值	均值	中位数	标准差
IFFRI 值	0.005886	0.00001729	0.00076	0.000472	0.000781

1. 最大最小值分析

观察期内 IFFRI 最大值为 0.005886，出现在 2015 年 6 月 18 日，上证综指为 4785.35 点，此时是进入 2015 这波熊市的第 4 个交易日，IFFRI 较上证综指稍有滞后。可以看出，投资者在面对股市大跌后，心理出现恐慌，急于通过交流沟通渠道表达自己的观点，获取他人的意见，以便快速做出投资决策，致使网络谣言关注度暴涨。这种现象可以解释为"关于知识的假想"，即投资者自认为随着信息的增加，自己对未来的预测也会更加准确（Nofsinger，2005）。此时，如果投资者将社交媒体谣言视为知识的增加，那么他们就有可能在投资决策时受到过于自信心理的影响，进而影响到证券市场的收益及波动。

观察期内 IFFRI 最小值为 0.00001729，出现在 2016 年 8 月 30 日，上证综指为 3074.67 点，此时正好处于 2016 年 3 月 1 日开始的证券市场复苏时期，股市缓慢上升中，股市进入了稳定健康"慢牛"阶段。可以看出，市场稳定期，社交媒体谣言的发布与传播趋于平缓，投资者显示出更多的理性，对于社交媒体谣言的反应较为温和，关注度趋低。

观察期内 IFFRI 标准差为 0.000781，波动幅度较大，这可能与 2015—2016 年期间，经历了"2015 年上半年的牛市""2015 年下半年的熊市""2016 年 1 月初熔断机制风波""闯关 MSCI 三度失败""英国公投脱欧""美联储加息预期升温"等重要事件有关，给整个观察期的 IFFRI 的标准差带来了影响。

2. 趋势分析

IFFRI 值与"上海综指、深圳成指、中小板指、创业板指"走势基本一致[1]（如图 5-5），与 2015—2016 年[2]的牛市与熊市基本吻合，初步说明 IFFRI 与证券市场波动存在相关关系，同时，是否可以说明，社交媒体谣言对证券市场的影响有提前预示的作用？在第 6 章将通过实证分析予以验证。

从图 5-5 可以看出，与本书 4.4.2"社交媒体谣言发帖时间分布"恰恰相反，在牛市阶段，投资者乐观的情绪使其过度自信，投资者对网络谣言的判断处理更具"宁可信其有"的偏向，更愿意阅读股票论坛信息，某种程度上放大了网络谣言效应，也说明了我国投资者还不够成熟，在面对谣言信息时，"信息瀑布效应"明显，表现出较强的非理性的一面；而在熊市阶段，投资者面对社交媒体谣言则显得更为温和和谨慎，哪怕是面对铺面而来的大量"积极谣言"，此时网络谣言对股价的"边际推动效应"减弱，IFFRI 值趋于平缓。

---

[1] 本书将"IFFRI 值"与"上证指数、深证成指、沪深 300、中小板指、创业板指"等五个主要市场指数进行了对照。
[2] 2015—2016 年正好包含了一个完整的牛市和熊市。

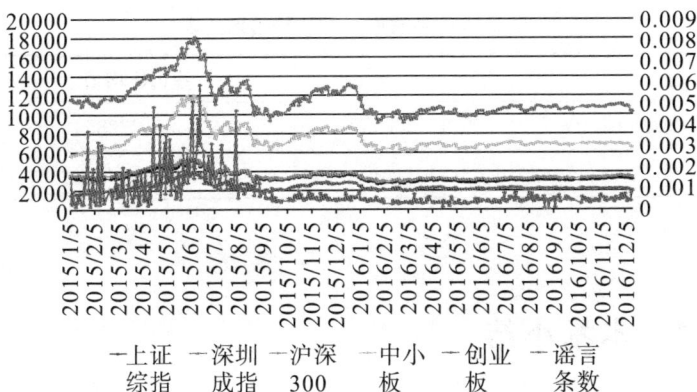

图 5-5　IFFRI 值与股指趋势对比图

　　图 5-5 还可以看出，在牛市阶段，IFFRI 值"高潮迭起"，在熊市阶段 IFFRI 值"萎靡不振"。而 IFFRI 值主要取决于 AR 和 MC。AR 是影响 IFFRI 值大小的重要因素，某种程度上反映了投资者受社交媒体谣言影响的程度。投资者阅读网络谣言的频次越高，说明接受网络谣言的信息量越大，投资行为受到影响的可能也就越大。MC 表现出一段时期，造谣者所倾向的上市公司规模的大小。从市值权重分布图（图 5-4）可以看出，牛市期间的 MC 值普遍"高企"，说明造谣者在牛市更中意于"大规模"公司。熊市期间的 MC 值普遍"低迷"，说明造谣者在熊市更中意于"中小规模"公司；加之牛市伴随的投资者关注度上升，AR 值显著升高；熊市关注度降低，AR 值急剧降低，双重因素共同导致了图 5-5 所示的特征。表 5-7 计算了牛熊市期间 IFFRI 均值，进一步说明了牛熊市 IFFRI 值的趋势，即牛市中积极谣言占主导程度更为明显，从某种程度上反映出了投资者在面对社交媒体谣言时的情绪特征及对证券市场的潜在影响趋势。

表 5-7　牛熊市 IFFRI 均值对比表

牛熊市时段	IFFRI 均值
2015.01.01—2015.06.12（牛市）	0.001222852
2015.06.13—2016.03.31（熊市）	0.000802962

5.4　本章小结

　　本章通过 AR、MC 以及 SP 三者的有机结合，构造了 IFFRI 指数，有效量化了"社交媒体谣言"这一客观现象的总体变动程度和方向，较好地反映了中国证券市场投资者在社交媒体谣言作用下的情绪特征及对证券市场的潜在影响趋势。IFFRI 指数计算简便、直观易懂。通过描述性统计可以看到，基于社交媒体视角下的 IFFRI 对中国证券市场走势具有一定的解释能力，较为全面、及时和准确地揭示了社交媒体谣言与证券市场的联动性，是一个值得证券市场各参与方重点关注的参考指数，也较为适合作为衡量证券市场投资者情绪变动的指数之一。IFFRI 的构造为"社交媒体谣言—投资者情绪—证券市场波动—金融风险"这一研究主链条完美地搭好了"第二环"，并为主链条接着搭上"第三环——社交媒体谣言对证券市场影响的量化分析"提供了重要的解释变量。

6 社交媒体谣言对证券市场关联的分析模型研究

按照"社交媒体谣言—投资者情绪—证券市场波动—金融风险"的研究主链条，在找到了量化社交媒体谣言的"财经网络谣言指数"（IFFRI）之后，搭好了关键的"第二环"，为本章研究主链条的"第三环——社交媒体谣言对证券市场影响的量化分析"提供了重要的前提和依据。本章将沿着研究主链条，继续前行，探寻社交媒体视角下谣言对证券市场影响的作用机理，客观正确认识其变动规律，为完成主链条的最后一环——"防范金融风险"提供有效政策建议奠定重要的实证基础。本章首先回顾比较了已有的分析方法，提出了分析研究路径，即使用"VAR 模型"分析社交媒体谣言对证券市场收益率的影响情况，使用"GARCH 模型"分析社交媒体谣言对证券市场波动率的影响情况。采用具有最优拟合优度的变量因子和分析模型，并以此分析社交媒体谣言对证券市场的影响力度。实证结果证明，基于社交媒体的谣言对证券市场收益率和波动率均存在一定影响，这一研究结论对我国证券市场风险防范研究有着重要启示。

6.1 模型选择

社交媒体谣言隶属于媒体信息，是当代媒体信息中不可或缺的重要部分。本节通过回顾"媒体信息对证券市场影响"分析方法的研究现状，对主流分析方法进行比较，作为本章选取模型的理论基础和依据。目前，主流分析模型有两种，即统计学的统计模型（以下简称统计模型）、计量经济学的回归模型（以下简称回归模型）。本书通过梳理文献，总结了近十年来运用主流建模技术研究"媒体信息对证券市场影响"的情况（表6—1）。

表6—1 不同分析模型代表文献

类别	文献	关注点			分析方法		
		市场	规模	媒体来源	响应	预测器	模型
统计模型方法	H. S. Moat et al. (2013)	DIJA	Week	Wikipedia	Index	Page view number	Statistical model
	I. Zheludev et al. (2014)	DIJA	Hour	Twitter	Price	Message volume	Mutual Information
计量回归模型方法	W. S. Chan (2003)	NYSE, AMEX, S&P500	Month	DJIPL	Return	News number	Linear model
	M. Z. Frank et al. (2004)	DJIA, XLK	Day	Yahoo! Finance, Raging Bull	Return, Volatility	Emotion Index, Message Number	Linear model
	Tetlock et al. (2008)	S&P500	Day	WSJ	Return	Emotion word number	Linear model
	T. Preis et al. (2013)	DJIA	Week	Google Trends	Index	Search volume change	Linear model
	H. S. Moat et al. (2013)	DJIA	Week	Wikipedia	Index	Page view number	Statistical model
	C. Curme et al. (2014)	SPXT	Week	Wikipedia, Google Trends	Index	Search behavior	Linear model
	X. Luo et al. (2013)	NYSE	Day	CNET, Alexa, Google, CRSP, Lexis/ Nexis	Return, risk	Rating volume, Blog emotion, page view, search intensity	VARX
	J. Si et al. (2014)	S&P100	Day	Twitter	Price	Social relation, sentiment	VAR

6.1.1　统计模型

统计模型分为单变量统计模型和双变量统计模型，它们仅能捕获股票变动和单一信息来源之间的关系。单变量分析模型通过检查不同假设检验（包括 t 检验，Wilcoxon 检验和 Kruskal－Wallis 检验）的统计显著性来检验股票波动和媒体之间的联系。如 H. S. Moat et al.（2013）利用 Wilcoxon 符号秩和检验发现了企业维基百科网页等浏览频率与证券市场波动的关联。双变量分析模型通过统计分析媒体信息和波动指标之间线性关系的强度和方向来判定两者之间是否相关。常用的线性相关性的度量方式包括 Pearson 相关系数、Spearman 相关系数和互信息（Mutual information）等，如 Zheludev et al.（2014）使用互信息从宏观角度揭示了社交媒体情感与证券市场波动的相关性。单变量模型和双变量模型提供了说服性的统计方法，用于从大数据的角度测试股票变动和媒体之间的关系。然而，这两种方法都关注证券市场上单信息源的影响，缺失对多信息源综合分析的联合影响能力。

6.1.2　回归模型

回归模型研究与特定经济现象相关的各种经济数量之间的统计关系，侧重证券市场和信息源之间因果关系等研究，代表性模型包括线性回归模型、逻辑回归模型、向量自回归模型（VAR）和 GARCH 模型等。如 W. S. Chan（2003）使用回归模型检查新闻文章数量与证券市场异常回报之间的关系，得出对报纸反应不足的证据。王美今等（2004）构造 T－GARCH 模型，证明了投资者情绪是影响股票均衡价格的系统性因子。饶育蕾、彭叠峰和成大超（2010）利用线性回归模型发现媒体对上市公司关注度越高，在接下来的一个月中，其股票的平均收益率越低，即高关注度的股票表现出弱势。Zhao et al. （2011）提出将新闻对证券市场的影响力作为 FF 三因素模型的解释变量，成功发现了中小上市公司受新闻影响比较大且持续时间长的特点。Loughran and Mcdonald （2012）通过线性回归分析发现，在互联网信息对证券市场的影响研究中，运用专业财经情感词语来量化文本信息比运用通用情感词语更为有效。游家兴和吴静（2012）利用线性回归模型发现，乐观的新闻媒体情绪更容易推动价格向上偏离基本价值，导致股票泡沫产生。Huang、Teoh and Zhang （2013）运用逻辑回归模型发现盈余报告中的异常乐观情绪会拖累其在证券市场上的表现。崔亮（2013）使用 VAR 模型分析了投资者情绪与股票收益率的关系。C. Curme et al. （2014）使用线性回归模型证明了搜索量和股票指数之间的负关系。Jiang et al. （2014）利用线性回归模型分析了在银行业危机情况下，雅虎财经论坛信息对证券市场波动的影响。朱道义（2015）基于 GARCH 模型研究了 Shibor 的波动性问题。可以看出，计量回归模型，尤其是多元回归模型，通常对多变量的总体因果关系方面具有很好的解释能力。

社交媒体谣言与生俱来的不确定性，通过论坛传递给投资者，触发投资者情绪，驱动投资者行为，在"羊群效应"的催化之下，在投资者中加速蔓延传播，当这种趋势达到某种程度或规模时，投资者的非理性行为将可能对证券市场产生剧大的外生性风险，社交媒体谣言与证券市场波动相互影响和强化，极有可能进一步传导给整个金融业，形成金融动荡，甚至系统性金融风险。为此，确有必要对社交媒体谣言与证券市场关系进行建模，系统分析社交媒体谣言对证券市场的影响。本章将采用计量经济学回归模型这种经典适用的方法，借助 IFFRI 指数——面对社交媒体谣言的投资者情绪的客观反馈，就社交媒体谣言对证券市场特征指标的影响展开分析，探寻社交媒体谣言对证券市场的影响范围与程度。

6.2 分析路径

本章的研究核心是研究社交媒体谣言对证券市场的影响，在第 5 章找到了社交媒体谣言对投资者影响的量化指标——IFFRI，通过将 IFFRI 加入分析模型的思路，进一步分析社交媒体谣言对证券市场的影响是否显著，是否对波动率也存在影响。按照这样的分析路径，本章将逐一展开，揭开社交媒体谣言对证券市场影响情况的面纱。本章分析研究路径如图 6-1。

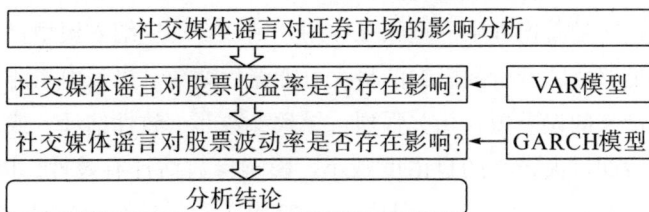

图 6-1　社交媒体谣言对证券市场影响分析研究路径图

6.3 谣言信息对证券市场收益率影响分析

6.3.1 模型设计

向量自回归模型（VAR）是 Sime 于 1980 年提出的，是目前较为常用的一种计量经济模型。VAR 模型依据数据统计性质

133

来建立，把系统中的每个内生变量作为系统中所有内生变量的滞后值函数来构造模型，实现了将单变量自回归模型推广应用到由多元时间序列变量组成的"向量"自回归模型中。也就是说，VAR模型用其中所有当期变量对所有变量的若干滞后变量进行回归，估计联合内生变量的动态关系，不带有任何事先约束条件。VAR模型已得到广泛应用，表达式如下：

$$\boldsymbol{y}_t = a_0 + \sum_{i=1}^{n} b_i \, \boldsymbol{y}_{t-i} + \sum_{j=1}^{n} c_i \, \boldsymbol{x}_{t-i} + \boldsymbol{\varepsilon}_t \tag{6.1}$$

其中：$\boldsymbol{y}_t$ 是一个内生变量列向量；$\boldsymbol{x}_t$ 是外生变量向量；a_0，b_i，c_i 是待估的系数矩阵；而 $\boldsymbol{\varepsilon}_t$ 是误差向量。在 VAR 模型中，每个方程的最佳估计为 OLS。VAR 对于相互联系的时间序列变量系统是有效的预测模型。

VAR 模型是一种非结构化的模型，在确定其结构时应考虑两点：一是若内外生变量相互作用，则二者均应纳入模型；二是要有足够反映变量间影响的最大可能滞后期数，以免由于滞后期过小带来的误差项自相关强烈，导致参数非一致性估计，或者由于滞后期过大带来的自由度减小，影响参数估计有效性。因此，在 VAR 模型的实际应用中，一般用 LR（似然比）统计量、FPE（最终预测误差）、AIC（信息准则）、SC（信息准则）与 HQ（信息准则）等五个常用指标来确定合理的滞后期数。

由于 VAR 模型具有其数据本身确定模型动态结构的优越性，研究投资者情绪与证券市场收益率关系时常常使用 VAR 模型。本书直接建立包含日收益率 R_t、IFFRI 的二元向量自回归模型，具体如下：

$$\begin{bmatrix} R_t \\ \text{IFFRI}_t \end{bmatrix} = \boldsymbol{C} + \boldsymbol{\beta}_1 \begin{bmatrix} R_{t-1} \\ \text{IFFRI}_{t-1} \end{bmatrix} + \cdots + \boldsymbol{\beta}_t \begin{bmatrix} R_{t-p} \\ \text{IFFRI}_{t-p} \end{bmatrix} + \boldsymbol{\varepsilon}_t$$

$$\tag{6.2}$$

其中：$\boldsymbol{C}$ 和 $\boldsymbol{\varepsilon}_t$ 是 2 维列向量，$\boldsymbol{\beta}_1$ 和 $\boldsymbol{\beta}_t$ 是 2 阶系数矩阵，$t =$

2，3，…，n，p＝1，2，…，n。

6.3.2　数据准备与模型构造

1．模型数据来源

R_t 为股票日收益率。本书对上证综指、深证成指、沪深300、中小板指进行了相关性分析，发现相关度较高，对大盘的总体趋势的描述基本一致（表6－2），本书选取上证综指作为股票收益率。相关性检验如下：

表6－2　主要股指相关系数表

指数	上证综指	深证成指	沪深300	中小板指
上证综指	1	0.98383	0.96562	0.92736
深证成指	0.98383	1	0.97254	0.93525
沪深300	0.96562	0.97254	1	0.88768
中小板指	0.92736	0.93525	0.88768	1

IFFRI 为网络财经谣言指数。本书采用第5章计算所得观察期内每日的 IFFRI 值。

基于社交媒体谣言对证券市场存在短期效应，本书拟考察社交媒体谣言对证券市场收益率是否在 $[t-5，t+5]$ 范围内存在影响。由于 VAR 模型仅能考察自变量滞后期对因变量的影响，为了研究需要，本书将全部 IFFRI 值提前5期，同时要结合 VAR 模型定阶结果，最终确定 IFFRI 值提前期数与滞后期数的范围，以适应模型要求，同时满足研究需要。

2．描述性统计

从 IFFRI 及 R_t 描述性统计（表6－3）可以看出，R_t（日收益率）波动较大，说明观察期内我国 A 股市场收益率波动较大；

IFFRI（网络财经谣言指数）相对平稳。

表6-3 IFFRI及R_t描述性统计表

变量	样本	极小值	极大值	均值	标准差
IFFRI	476	0.00001729	0.005886	0.00076	0.000781
R_t	476	−0.08490900	0.057635	0.00015	0.020343

3. 平稳性检验

VAR模型要求每个变量必须是平稳的时间序列，即具有稳定的趋势、波动性和横向联系，目的是防止出现伪回归。因此，在正式建模进行回归分析之前，需要对日收益率R_t、IFFRI值进行ADF单位根检验。经过ADF检验（表6-4）可以看出日收益率R_t、IFFRI值这两个时间序列均平稳，可以进行回归。

表6-4 单位根检验结果

变量	T值	P值	ADF结果
R_t	−16.41570	0.0000	平稳
IFFRI值	−5.720275	0.0000	平稳

4. 确定VAR最优滞后阶数

为了有效保证VAR模型参数的解释能力，必须要在其滞后期和自由度间达到平衡。本书使用Eviews软件，基于LR（似然比）统计量、FPE（最终预测误差）、AIC（信息准则）、SC（信息准则）与HQ（信息准则）等五个常用指标对滞后长度进行选择，通常选择指标显著个数最多时对应的滞后阶数为最优滞后阶数。表6-5显示了经过Eviews之后给出的最优滞后阶数的评价结果。可以看出，由日收益率R_t、IFFRI构成的VAR模型的最优滞后阶数为8阶。

表 6-5　确定 VAR 最优滞后阶数表

Lag	LogL	LR	FPE	AIC	SC	HQ
0	5612.497	NA	3.18e-10	-16.19191	-16.17880	-16.18684
1	5767.496	308.6572	2.06e-10	-16.62769	-16.58838	-16.61249
2	5808.646	81.70570	1.85e-10	-16.73491	-16.66938 *	-16.70957
3	5818.423	19.35686	1.82e-10	-16.75158	-16.65984	-16.71610
4	5827.599	18.11322	1.79e-10	-16.76652	-16.64857	-16.72090
5	5843.134	30.57704	1.73e-10	-16.79981	-16.65565	-16.74406 *
6	5848.853	11.22229	1.73e-10	-16.80477	-16.63440	-16.73888
7	5851.842	5.849548	1.73e-10	-16.80185	-16.60527	-16.72583
8	5858.147	12.29980	1.72e-10 *	-16.80850 *	-16.58571	-16.72234
9	5859.823	3.260247	1.73e-10	-16.80180	-16.55279	-16.70550
10	5864.735	9.527943 *	1.73e-10	-16.80443	-16.52922	-16.69800
11	5865.258	1.010043	1.74e-10	-16.79439	-16.49297	-16.67782

注：＊代表在滞后阶数中该准则的最优值。

5. 格兰杰因果检验

格兰杰因果检验的目的是解释变量间是否存在因果关系。由于一些变量从模型构造上呈现显著相关，但未必具有经济学意义，此时就需要通过进行格兰杰因果检验。从格兰杰因果检验结果（表 6-6）可以看出，在 5% 的显著性水平下，IFFRI 不是日收益率 R_t 的格兰杰原因被拒绝，日收益率 R_t 不是 IFFRI 的格兰杰原因同样被拒绝。因此，结果进一步显示，网络谣言（IFFRI）对证券市场收益率（R_t）存在影响。

表 6-6　格兰杰因果检验结果

Null Hypothesis	Obs	F-Statistic	Prob.
IFFRI does not Granger Cause R_t	476	2.26488	0.0364
R_t does not Granger Cause IFFRI	476	1.95273	0.0869

6.3.3 实证回归

经过数据准备与模型构造之后，可以基于 VAR 模型进行建模作回归分析，从三个方面分别展开，一是考察观察期内社交媒体谣言对证券市场收益率的影响情况，二是考察观察期内一个牛市阶段①社交媒体谣言对证券市场收益率的影响情况，三是考察观察期内一个熊市阶段社交媒体谣言对证券市场收益率的影响情况。通过三个方面的实证分析，可以多角度反映社交媒体谣言对我国证券市场在不同时期影响的特点与差异，以期给证券市场各方提供参考依据。

同时，本节同样按照 6.3.2 对牛市阶段和熊市阶段分别做了"数据准备和模型构造"工作，结果均一致，可以在牛市阶段和熊市阶段基于 VAR 模型建模作回归分析，具体过程不再赘述。

1. 社交媒体谣言对证券市场收益率影响分析——观察期总体

第一步：VAR 回归结果。

经过 6.3.2 数据准备的各个步骤，日收益率 R_t、IFFRI 构成的 VAR 模型的最优滞后阶数为 8 阶，使用 VAR 模型（式6.2）进行回归，回归结果如表 6-7 所示。

---

① 本书划分牛熊市的依据为道氏理论关于"牛熊市"的定义。据此，本书选取了 2015 年 1 月 16 日—2015 年 6 月 12 日为一个牛市阶段，2015 年 6 月 13 日—2016年 2 月 29 日为一个熊市阶段。本书基于牛熊市的分析，均分别选取该两个时段，不再赘述。

表 6-7 VAR 回归结果①

	R_t	IFFRI
$R_t(-1)$	0.436970	0.001194
$R_t(-2)$	0.081265	−0.001830
$R_t(-3)$	−0.106900	−0.002506
$R_t(-4)$	0.000376	−0.001049
$R_t(-5)$	0.054548	0.002472
$R_t(-6)$	0.097172	0.002111
$R_t(-7)$	−0.049458	0.000506
$R_t(-8)$	−0.047997	0.001410
IFFRI(−1)	−0.223809	0.174016
IFFRI(−2)	1.979020**	0.206885
IFFRI(−3)	1.209979	0.049887
IFFRI(−4)	0.584321	0.093122
IFFRI(−5)	−2.816852***	0.105725
IFFRI(−6)	0.458826	0.049418
IFFRI(−7)	0.371614	0.038915
IFFRI(−8)	−1.530671	0.096888
C	0.000386	0.000127
R−squared	0.436970	0.001194
Adj. R−squared	0.081265	−0.001830

注：***表示在 0.01 水平上显著，**表示在 0.05 水平上显著，*表示在 0.1 水平上显著。

从回归结果可以看出，t 期 IFFRI 在 1‰显著性水平下、$t+$

---

① 因研究需要，在 6.4.2 中已将 IFFRI 提前 5 期，VAR 回归结果的显示期数为调整后期数，为保持回归结果的一致性，表 6-13 未对回归结果显示期数作修改。为了对回归结果的分析需要，应调整为实际期数，如 IFFRI（−2）即为 $t+3$ 期，IFFRI（−5）即为 t 期。

3 期 IFFRI 在 5% 显著性水平下对 t 期股票收益率存在影响。可以说明，t 期谣言对 t 期股票收益率存在影响。同时，$t+3$ 期的谣言对 t 期收益率存在影响，反映出谣言可能已经先于网络论坛在投资者中广为流传；而股票收益率出现了滞后，此时的社交媒体谣言可能已不再是"造谣者"，而扮演着"传谣者"的角色。这与何欣（2012）的研究结论基本一致，说明社交媒体谣言对证券市场收益率的影响存在滞后效应。

第二步：模型稳定性检验。

为了检验 VAR 模型是否稳定，进行 AR 根检验，检验结果显示（图 6-2），所有特征根均落在单位圆内，表明 VAR 模型稳定。

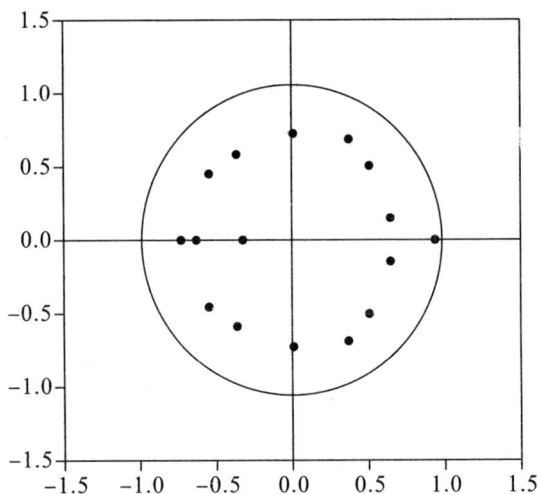

图 6-2 VAR 模型稳定性检验结果

第三步：脉冲响应。

脉冲响应用于描述 VAR 模型中一个内生变量的冲击对其他内生变量的影响。为了进一步分析 IFFRI 指数对日收益率 R_t 的滞后影响范围与程度，继续进行 VAR 模型的脉冲响应分析，结果如图 6-3 所示。

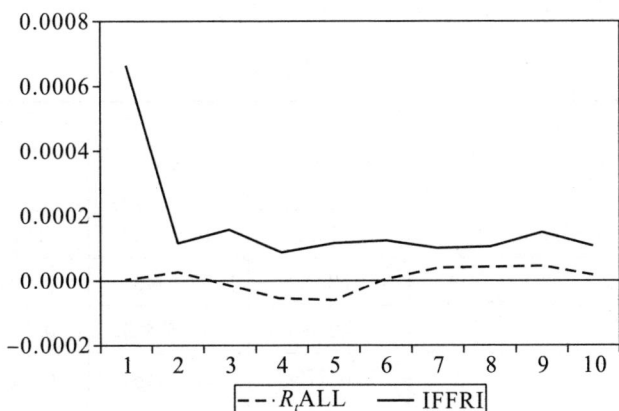

图 6-3　脉冲响应分析图

图 6-3 是 IFFRI、R_t 对一个标准差新息的响应图。从图可以看出，IFFRI 对自身新息过程较为敏感，R_t 对 IFFRI 新息过程反应幅度相对较小，但也存在一定的变化规律。具体来看，IFFRI 对 R_t 的影响存在提前效应，在第 $t-3$ 日至 t 日存在负响应，直至 t 日达到最低点。IFFRI 对 R_t 的影响存在滞后效应，从第 $t+1$ 日开始出现正响应，第 $t+2$ 日之后开始呈现持续平稳正响应状态，直至 $t+4$ 日后影响逐渐消退。由此可以看出，社交媒体谣言对证券市场收益率存在短期提前和滞后效应，一部分社交媒体谣言可能提前在投资者中流传，证券市场收益率先于社交媒体谣言"显现"，并呈现出负效应；一部分社交媒体谣言则较证券市场收益率先于"表露"，证券市场收益率在社交媒体谣言"曝光"后才逐渐"显现"正效应，直至影响逐渐消退。

第四步：方差分析。

方差分析是通过分析 VAR 中内生变量的冲击对内生变量变化（方差）的贡献度，可以借此评价内生变量各自冲击的重要性。由表 6-8 可以看出，社交媒体谣言对收益率存在影响。社交媒体谣言对日收益率 R_t 的影响会持续 4 天左右，这一结论与脉冲响应的结果基本吻合。

表 6-8 方差分析表

Variance Decomposition of R_t: Period	S. E.	R_t	IFFRI
1	0.019220	100.0000	0.000000
2	0.020975	99.99495	0.005048
3	0.021653	99.67429	0.325709
4	0.021728	99.18482	0.815182
5	0.021787	98.64753	1.352466
6	0.021806	98.52229	1.477714
7	0.021911	98.53644	1.463564
8	0.021938	98.53857	1.461433
9	0.021942	98.50151	1.498486
10	0.021947	98.50196	1.498035

2. 社交媒体谣言对证券市场收益率影响分析——牛市阶段

第一步：VAR 回归结果。

经过 6.3.2 数据准备的各个步骤，日收益率 R_t、IFFRI 构成的 VAR 模型的最优滞后阶数为 3 阶，使用 VAR 模型（式 6.2）对牛市样本数据进行回归，回归结果如表 6-9 所示。

表 6-9　VAR 回归结果①

	R_tBULL	IFFRI
R_tBULL (-1)	0.496489	0.002002
R_tBULL (-2)	-0.031565	-2.47E-05
R_tBULL (-3)	-0.233709	-0.007032
IFFRI (-1)	-0.055296	0.043536
IFFRI (-2)	2.074640**	0.218822
IFFRI (-3)	1.094118	0.087534
C	0.000268	0.000801
R-squared	0.298138	0.078277
Adj. R-squared	0.268690	0.039603

注：***表示在 0.01 水平上显著，**表示在 0.05 水平上显著，*表示在 0.1 水平上显著。

从回归结果可以看出，在牛市阶段，$t+3$ 期的 IFFRI 对 t 期股票收益率存在正响应，表明 $t+3$ 期的谣言对 t 期收益率存在正相关，反映出谣言可能已经先于网络论坛在投资者中广为流传，而股票收益率出现了滞后 3 期，这一结论与观察期总体样本的研究结论一致。牛市阶段的实证结果说明，在牛市阶段，社交媒体谣言对证券市场收益率具有滞后效应，这可能与牛市传谣者制造谣言相对熊市偏少（在第 4 章描述性统计中已予阐述），更多的谣言在私下提前传开而社交媒体谣言相对滞后出现有较大关系。

第二步：模型稳定性检验。

为了检验 VAR 模型是否稳定，进行 AR 根检验，检验结果显示（图 6-4），所有特征根均落在单位圆内，表明 VAR 模型稳定。

① 因研究需要，在 6.4.2 中已将 IFFRI 提前 5 期，VAR 回归结果的显示期数为调整后期数，为保持回归结果的一致性，表 6-15 未对回归结果显示期数作修改。在分析回归结果时，应调整为实际期数。同时，牛市最优滞后阶数为 3 阶，如 IFFRI (-2) 即为 $t+3$ 期。

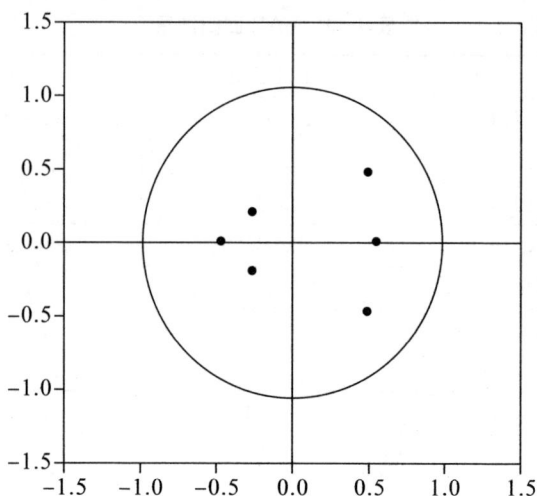

图 6-4 VAR 模型稳定性检验结果

第三步：脉冲响应。

图 6-5 是牛市阶段 IFFRI、R_t 对一个标准差新息的响应图。可以看出，IFFRI 对自身新息过程较为敏感，R_t 对 IFFRI 新息过程反应幅度相对较小。具体来看，IFFRI 对 R_t 的影响在第 $t-3$ 日至 $t+1$ 日存在负响应，在 $t-1$ 日为最低点，从第 $t+3$ 日开始出现正响应，$t+4$ 日后影响逐渐消退。

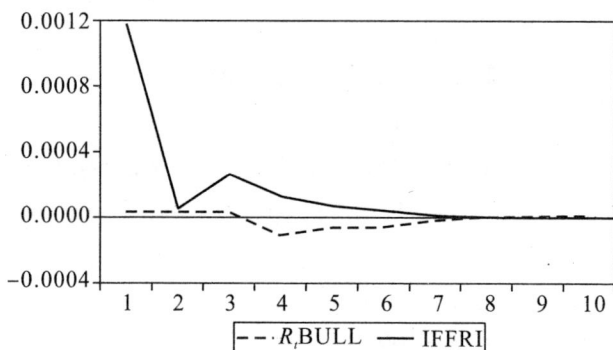

图 6-5 牛市脉冲响应分析图

144

第四步：方差分析。

从表6-10可以看出，在牛市阶段，社交媒体谣言对证券市场收益率存在4天左右的影响，这一结论与脉冲响应的结果基本吻合，同时与观察期总体的方差分析结果基本吻合。

表6-10　牛市方差分析

Variance Decomposition of R_tBULL：Period	S. E.	R_tBULL	IFFRI
1	0.018130	100.0000	0.000000
2	0.020241	99.99897	0.001033
3	0.020766	98.65651	1.343489
4	0.021066	97.19933	2.800673
5	0.021405	96.57568	3.424318
6	0.021589	96.49538	3.504620
7	0.021608	96.50140	3.498598
8	0.021611	96.48689	3.513113
9	0.021623	96.47729	3.522709
10	0.021630	96.47722	3.522778

3. 社交媒体谣言对证券市场收益率影响分析——熊市阶段

第一步：VAR回归结果。

经过6.3.2数据准备的各个步骤，日收益率R_t、IFFRI构成的VAR模型的最优滞后阶数为7阶，使用VAR模型（式6.2）对熊市样本数据进行回归，回归结果如表6-11所示。

表 6-11　VAR 回归结果①

	R_tBEAR	IFFRI
R_tBEAR（-1）	0.415943	-6.56E-05
R_tBEAR（-2）	0.082805	-0.003286
R_tBEAR（-3）	-0.073663	-0.001833
R_tBEAR（-4）	0.002631	0.000983
R_tBEAR（-5）	0.033524	0.001018
R_tBEAR（-6）	0.123996	0.004465
R_tBEAR（-7）	-0.088160	-0.001974
IFFRI（-1）	-0.405538	0.377682
IFFRI（-2）	2.534272	0.113537
IFFRI（-3）	1.297368	0.087247
IFFRI（-4）	-2.549695	0.147556
IFFRI（-5）	-3.642116	0.007380
IFFRI（-6）	6.592755**	0.083213
IFFRI（-7）	-3.378832	0.030073
C	-0.001087	9.78E-05
R-squared	0.221607	0.538640
Adj. R-squared	0.175235	0.511154

注：***表示在 0.01 水平上显著，**表示在 0.05 水平上显著，*表示在 0.1 水平上显著。

从回归结果可以看出，在熊市阶段，$t-1$ 期的 IFFRI 对 t 期

① 因研究需要，在 6.4.2 中已将 IFFRI 提前 5 期，VAR 回归结果的显示期数为调整后期数，为保持回归结果的一致性，表 6-15 未对回归结果显示期数作修改。在分析回归结果时，应调整为实际期数。同时，熊市最优滞后阶数为 7 阶，如 IFFRI（-6）即为 $t-1$ 期。

146

股票收益率存在正响应，表明 $t-1$ 期的谣言对 t 期证券市场收益率存在正相关，与牛市阶段的滞后效应正好相反，熊市表现为谣言发布后次日才对证券市场收益率存在影响。熊市阶段的实证结果说明，在熊市阶段，社交媒体谣言对证券市场收益率仅具有提前效应，这可能与熊市传谣者制造谣言相对牛市偏多（在第 4 章描述性统计中已予阐述），但投资者在熊市中面对谣言更为温和、谨慎有关，在接受谣言的次日才驱动投资行为。

第二步：模型稳定性检验。

为了检验 VAR 模型是否稳定，进行 AR 根检验，检验结果显示（图 6-6），所有特征根均落在单位圆内，表明 VAR 模型稳定。

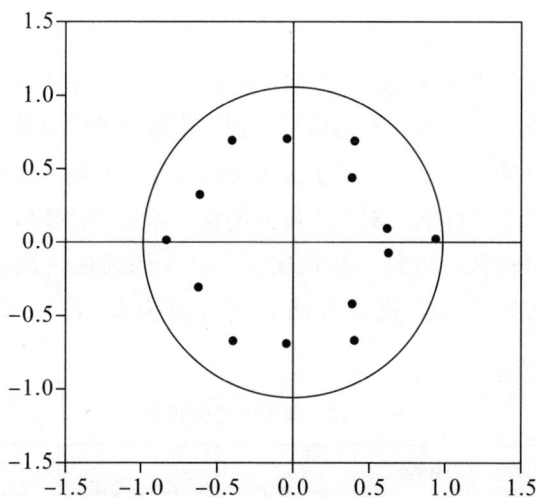

图 6-6　VAR 模型稳定性检验结果

第三步：脉冲响应。

图 6-7 是熊市阶段 IFFRI、R_t 对一个标准差新息的响应图。可以看出，IFFRI 对自身新息过程不如牛市阶段敏感，R_t 对 IFFRI 新息过程反应幅度相对较大。具体来看，IFFRI 对 R_t 的

147

影响在 $t-1$ 日为最低点，之后快速反弹，在 $t+1$ 日出现最大正响应点，在 $t+3$ 日后快速消退。

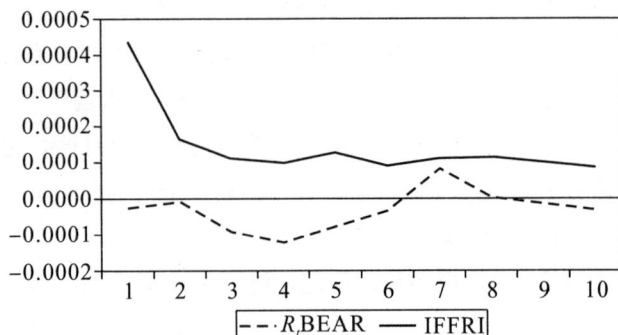

图 6-7　熊市脉冲响应分析图

第四步：方差分析。

从表 6-12 可以看出，在熊市阶段，社交媒体谣言对证券市场收益率仅存在 1 天左右的影响，较牛市阶段的影响范围明显缩短，说明牛熊市网络谣言对证券市场收益率的影响范围存在较大差异，即社交媒体谣言对牛市阶段的证券市场收益率较熊市阶段更为显著且持久；也进一步证实了 5.3.4 的描述性统计分析结果，即在熊市阶段，投资者面对谣言更为温和、反应不足与滞后。

表 6-12　熊市方差分析表

Variance Decomposition of R_tBEAR: Period	S. E.	R_tBEAR	IFFRI
1	0.026139	100.0000	0.000000
2	0.028314	99.99608	0.003916
3	0.029097	99.88592	0.114079
4	0.029177	99.67968	0.320317

Variance Decomposition of R_t BEAR: Period	S. E.	R_t BEAR	IFFRI
5	0.029180	99.67972	0.320276
6	0.029229	99.36900	0.631001
7	0.029480	99.07554	0.924457
8	0.029504	99.07456	0.925442
9	0.029518	99.06997	0.930027
10	0.029519	99.06999	0.930010

6.3.4　实证结论

基于 VAR 模型的收益率影响分析可以看出：①观察期总体而言，t 期谣言对 t 期股票收益率存在负响应；$t+3$ 期的谣言对 t 期股票收益率存在正响应，呈现出谣言可能提前流传并反馈至股票收益率的情况，而谣言滞后出现，此时的网络谣言可能已不再是"造谣者"，而扮演着"传谣者"的角色；社交媒体谣言对证券市场收益率的影响持续 4 天左右，说明网络谣言对证券市场的影响总体显著，并存在短期提前或滞后效应。可以看出，社交媒体谣言触发投资者情绪，增强了投资者的过度自信，相比当天的网络谣言，投资者更愿意听信私下的谣言，并在滞后期得到社交媒体谣言的验证，从而驱动投资者行为，增大交易可能，促使证券市场收益率呈现正响应。②牛市阶段，也同样呈现出滞后期（$t+3$ 期）的谣言对证券市场收益率存在正响应，谣言对证券市场收益率的影响与观察期总体一致，持续时间也为 4 天左右。这进一步证实了，当整个市场处于持续上升阶段，投资者具有对谣言信息"宁可信其有"的心态，谣言效应被放大，对证券市场收

益率呈现出正响应。③熊市阶段，呈现出提前期（$t-1$ 期）的
网络谣言对证券市场收益率存在正响应的情况，正好与牛市在网
络谣言出现的时段相反，持续时间也仅有 1 天。这说明了在熊市
阶段，投资者更为谨慎，必须要亲眼所见论坛文本中的网络谣言
透露后，才对其情绪有所触动，并进而驱动其投资决策并行动。

综上可以看出，社交媒体谣言对证券市场总体、牛市、熊市
的收益率均存在影响，只是在对证券市场收益率冲击的方向和时
段上存在差异，这也正好解释了不同市场时期，社交媒体谣言对
证券市场收益率具有不同的冲击效应。那么社交媒体谣言对证券
市场的波动率是否也存在着冲击？在牛市、熊市是否也存在不同
的表现？本书 6.4 节将给出答案。

6.4 谣言信息对证券市场波动率影响分析

本书 6.3 节实证了社交媒体谣言对证券市场收益率存在的影
响，及其在牛熊市阶段的不同表现，并作了分析。那么社交媒体
谣言对证券市场波动率又有如何的冲击，在牛市、熊市又有怎样
的表现？本节将通过 GARCH 模型进行实证分析。

6.4.1 模型设计

GARCH 模型是 T. Bollerslev 于 1986 年提出的用于描述波
动率最为经典的模型，其基本原理是残差反映了因变量偏离均值
方程拟合值的大小，可以通过不变方差（k）、前 i 期方差的预测
值（h_{t-i}）以及前一期新息（ε_{t-i}^2）的加权平均来预测 t 期的方
差，特别适用于证券市场波动性的分析。一般的 GARCH 模型
可以表示为：

$$r_t = c_1 + \sum_{i=1}^{R} \varnothing_i\, r_{t-i} + \sum_{j=1}^{M} \varnothing_j\, r_{t-j} + \varepsilon_t \tag{6.3}$$

$$\varepsilon_t = u_t\, \sqrt{h_t} \tag{6.4}$$

$$h_t = k + \sum_{i=1}^{q} G_i\, h_{t-i} + \sum_{i=1}^{p} A_i\, \varepsilon_{t-i}^2 \tag{6.5}$$

其中：r_t是t期股票日收益率；ε_t是随机误差项；h_t是条件方差；c_i是常数项；$\varnothing_i$，$\varnothing_j$，A_i分别为各自对应变量的待估系数。

本书研究社交媒体谣言对证券市场波动性的影响程度与方向，如果股票日收益率意外上升或下降，投资者将增加对下期方差的预期，此时可以采用GARCH模型，并依据IFFRI指数以及股票日收益率数据，分析社交媒体谣言对证券市场影响的波动规律。基于GARCH模型的建模构造如下：

$$h_t = k + \sum_{i=1}^{q} G_i\, h_{t-i} + \sum_{i=1}^{p} A_i\, \varepsilon_{t-i}^2 + \sum_{i=-m}^{m} \beta_i\, \mathrm{IFFRI}_i \tag{6.6}$$

其中：m在本书中取值为5；IFFRI_i是第i期的谣言指数；k是常数项；G_i，A_i，β_i分别为各自对应变量的待估系数；其余变量与GARCH模型一致。

6.4.2 数据准备与模型构造

1. 平稳性检验

GARCH模型要求每个变量必须是平稳的时间序列，即具有稳定的趋势、波动性和横向联系，目的是防止出现伪回归。因此，在正式建模进行回归分析之前，需要对日收益率R_t、IFFRI值进行ADF单位根检验。经过ADF检验，日收益率R_t与IFFRI值均不存在单位根（表6-13）。可以看出，日收益率R_t、IFFRI值这两个时间序列均平稳，可以进行时间序列建模。

表 6-13 单位根检验结果

变量	T 值	P 值	ADF 结果
R_t	-16.41570	0.0000	平稳
IFFRI	-5.720275	0.0000	平稳

2. 收益率自相关检验

由于 ARMA 模型的前提是变量之间的依存关系表现在原数据在时间上的延续性,也就是需要日收益率存在自相关。因此,此处需要对日收益率数据进行自相关检验。检验结果表明,日收益率存在自相关(表 6-14),表明可以采用 ARMA 模型建模。

表 6-14 股票日收益率自相关检验结果表

Autocorrelation	Partial Correlation		AC	PAC	Q-Stat	Prob
. |*** |	. |*** |	1	0.449	0.449	143.73	0.000
. |** |	. |. |	2	0.229	0.034	181.25	0.000
. |. |	*|. |	3	0.04	-0.093	182.42	0.000
. |. |	. |. |	4	0.029	0.046	183.02	0.000
. |. |	. |. |	5	0.065	0.069	186.01	0.000
. |* |	. |. |	6	0.104	0.055	193.7	0.000
. |. |	. |. |	7	0.038	-0.056	194.76	0.000
. |. |	. |. |	8	-0.012	-0.033	194.87	0.000
. |. |	. |. |	9	-0.026	0.009	195.36	0.000
. |. |	. |* |	10	0.054	0.091	197.44	0.000
. |* |	. |. |	11	0.077	0.019	201.76	0.000
. |. |	. |. |	12	0.07	-0.004	205.35	0.000
. |. |	. |. |	13	0.012	-0.028	205.45	0.000

续表6—14

Autocorrelation	Partial Correlation		AC	PAC	Q—Stat	Prob
. | . |	. | . |	14	−0.043	−0.037	206.76	0.000
. | . |	. | . |	15	−0.063	−0.027	209.67	0.000
. | . |	. | . |	16	−0.055	−0.028	211.83	0.000
. | . |	. | . |	17	−0.009	0.023	211.9	0.000
. | . |	. | . |	18	0.008	0.01	211.94	0.000
. | . |	. | * |	19	0.067	0.084	215.2	0.000
. | . |	* | . |	20	−0.028	−0.101	215.77	0.000
* | . |	* | . |	21	−0.083	−0.073	220.76	0.000
. | . |	. | * |	22	0.004	0.115	220.78	0.000
. | . |	. | . |	23	0.05	0.034	222.64	0.000
. | . |	. | . |	24	0.049	−0.028	224.43	0.000
. | . |	. | . |	25	−0.007	−0.052	224.46	0.000
. | . |	. | . |	26	−0.009	0.054	224.52	0.000
. | . |	. | . |	27	0.005	0.045	224.54	0.000
. | * |	. | * |	28	0.115	0.111	234.42	0.000
. | * |	. | . |	29	0.16	0.035	253.41	0.000
. | * |	. | . |	30	0.12	−0.014	264.15	0.000
. | . |	* | . |	31	−0.007	−0.069	264.19	0.000
* | . |	. | . |	32	−0.069	−0.038	267.72	0.000
* | . |	. | . |	33	−0.087	−0.038	273.37	0.000
. | . |	. | . |	34	−0.005	0.033	273.39	0.000
. | . |	. | . |	35	0.036	0.029	274.38	0.000
. | . |	. | . |	36	−0.004	−0.058	274.39	0.000

3. ARMA 定阶

由上述结果表明，可以采用 ARMA 模型进行建模分析，需要进一步确定自回归与移动平均的阶数。由于时间序列阶数不宜过高（谈儒勇、盛美娜，2011），以 3 阶为最大阶数，共尝试了 15 个模型（表 6－15），并以 AIC、SC、残差平方和为判断准则，选择最优模型。从定阶结果可以看出（表 6－15）ARMA（3，2）模型所对应的 AIC、SC、残差平方和均为最小，所以，确定采用 ARMA（3，2）模型建模分析。

表 6－15　ARMA 定阶结果表

模型	残差平方和	AIC	SC
AR（1）	0.264087	−5.050392	−5.037504
AR（2）	0.263530	−5.048254	−5.028900
AR（3）	0.261203	−5.052865	−5.027031
ARMA（1，1）	0.263921	−5.048198	−5.028865
ARMA（1，2）	0.260872	−5.056993	−5.031217
ARMA（1，3）	0.260695	−5.054848	−5.022627
ARMA（2，1）	0.261433	−5.053414	−5.027609
ARMA（2，2）	0.260586	−5.053833	−5.021576
ARMA（2，3）	0.260219	−5.052413	−5.013705
ARMA（3，1）	0.260788	−5.051621	−5.019329
ARMA（3，2）	0.253959	−5.075323	−5.036573
ARMA（3，3）	0.259748	−5.049951	−5.004743
MA（1）	0.279481	−4.995158	−4.982284
MA（2）	0.262424	−5.055309	−5.035998
MA（3）	0.261611	−5.055592	−5.029844

4. 残差检验

ARMA 模型建模后的残差序列若为白噪声①序列则表明 ARMA 模型建模较好，若残差存在异方差，则需考虑用 GARCH 模型进一步对残差序列进行建模。

第一步：残差平方自相关检验。

经残差平方自相关检验，由其自相关（AC）与偏自相关（PAC）系数可知，残差平方存在自相关（表 6－16）。

表 6－16　残差平方自相关检验结果表

Autocorrelation	Partial Correlation		AC	PAC	Q－Stat	Prob
. | **	. | **	1	0.295	0.295	61.765	0.000
. | *	. | *	2	0.197	0.121	89.394	0.000
. | *	. | *	3	0.182	0.106	112.92	0.000
. | *	. | *	4	0.188	0.105	138.14	0.000
. | **	. | *	5	0.222	0.131	173.14	0.000
. | *	. | .	6	0.189	0.069	198.53	0.000
. | *	. | .	7	0.155	0.037	215.60	0.000
. | **	. | *	8	0.222	0.126	251.00	0.000
. | *	. | .	9	0.127	−0.022	262.51	0.000
. | .	* | .	10	0.048	−0.077	264.18	0.000
. | *	. | .	11	0.089	0.014	269.90	0.000
. | *	. | .	12	0.109	0.028	278.51	0.000
. | *	. | .	13	0.147	0.059	294.11	0.000
. | *	. | .	14	0.110	0.013	302.82	0.000

---

① 白噪声：期望为 0，方差为常数的纯随机过程。

Autocorrelation	Partial Correlation		AC	PAC	Q－Stat	Prob
. | .	. | .	15	0.051	−0.027	304.72	0.000
. | *	. | .	16	0.095	0.034	311.32	0.000
. | *	. | .	17	0.113	0.045	320.53	0.000
. | *	. | .	18	0.081	0.009	325.33	0.000
. | *	. | *	19	0.143	0.082	340.24	0.000
. | *	. | .	20	0.150	0.061	356.61	0.000
. | *	. | .	21	0.156	0.050	374.27	0.000
. | *	. | .	22	0.090	−0.027	380.22	0.000
. | *	. | *	23	0.152	0.095	397.06	0.000
. | *	. | .	24	0.168	0.056	417.67	0.000
. | *	. | .	25	0.166	0.027	437.95	0.000
. | *	. | .	26	0.151	0.028	454.75	0.000
. | *	. | .	27	0.077	−0.063	459.11	0.000
. | *	. | .	28	0.135	0.037	472.50	0.000
. | *	. | *	29	0.183	0.078	497.22	0.000
. | *	. | .	30	0.095	−0.037	503.91	0.000
. | .	. | .	31	0.073	−0.038	507.88	0.000
. | .	. | .	32	0.044	−0.063	509.34	0.000
. | *	. | .	33	0.077	0.002	513.69	0.000
. | *	. | .	34	0.092	0.018	520.00	0.000
. | .	. | .	35	0.060	0.010	522.72	0.000
. | .	. | .	36	0.073	0.011	526.65	0.000

第二步：残差异方差检验（ARCH－LM 检验）。

通过滞后 5 阶、10 阶、15 阶、20 阶的残差异方差检验，由 F 值、TR^2 值以及相应 P 值可知（表 6－17），残差序列存在异方差。

表 6－17　残差异方差检验结果表

滞后阶数	F	TR^2	P
5	21.83146	95.15461	0.0000
10	14.31494	120.3068	0.0000
15	9.748507	123.0393	0.0000
20	8.095820	134.3239	0.0000

由上述自相关检验和异方差检验，表明残差平方序列存在自相关、残差序列存在异方差，所以进一步对残差序列进行 GARCH 建模。

5. GARCH 建模

GARCH 建模首先需要确定 ARCH 与 GARCH 项的滞后阶数。本书尝试使用 GARCH（1，1）、GARCH（1，2）、GARCH（2，1）、GARCH（2，2）四个模型并以 AIC、SC 作为模型选择准则。由四个模型的 AIC、SC 值（表 6－18）可知，GARCH（1，2）的 AIC、SC 值最小，回归系数显著，表明该模型的效果最好，且其 DW 值为 2.016，说明 GARCH 模型不存在自相关。

表 6－18　GARCH 建模定阶结果表

模型	AIC	SC
GARCH（1，1）	−5.452675	−5.433300
GARCH（1，2）	−5.469341	−5.443507

模型	AIC	SC
GARCH (2, 1)	−5.468600	−5.442766
GARCH (2, 2)	−5.469635	−5.437343

综上，对观察期样本可以使用 ARMA（3，2）-GARCH（1，2）模型，研究社交媒体谣言对证券市场波动率的影响情况。为进一步研究不同阶段证券市场中社交媒体谣言对其波动率的影响，本书6.4.3还对观察期内牛市、熊市分别进行了 ARMA-GARCH 建模。在 6.4.3 牛市、熊市对证券市场波动率影响的研究中，重复上述步骤，得出牛市对应的最优模型为 ARMA（2，3）-GARCH（2，2）模型，熊市对应的最优模型为 ARMA（3，3）-GARCH（1，2）模型，具体过程不再赘述。

6.4.3 实证回归

1. 社交媒体谣言对证券市场波动率的影响——观察期总体

第一步：未加入 IFFRI 因素。

由 6.4.2 可知应采用 ARMA（3，2）-GARCH（1，2）进行建模，未加入 IFFRI 值回归结果如表 6-19。由此可知，方差方程变量系数显著（在 1%水平下），且 DW 值为 1.998937，表明模型不存在序列自相关。

表 6-19 未加入 IFFRI 的模结果表

Mean Equation				
Variable	Coefficient	Std. Error	z-Statistic	Prob.
AR (1)	0.274824	0.343338	0.800449	0.4235

续表6-19

Mean Equation			
AR（2）	−0.115844	0.196104	−0.590729	0.5547
AR（3）	0.070137	0.164146	0.427288	0.6692
MA（1）	0.169115	0.348856	0.484771	0.6278
MA（2）	0.321928	0.283265	1.136494	0.2557
Variance Equation			
C	1.18E−06	9.53E−07	1.238034	0.2157
RESID（−1）^2	0.126903***	0.017008	7.461234	0.0000
GARCH（−1）	0.034564***	0.007039	4.910657	0.0000
GARCH（−2）	0.907115***	0.010734	84.50623	0.0000
R−squared	0.210042	Mean dependent var	0.000495
Adjusted R−squared	0.205535	S.D. dependent var	0.021673
S.E. of regression	0.019318	Akaike info criterion	−5.452802
Sum squared resid	0.261608	Schwarz criterion	−5.394677
Log likelihood	1933.839	Hannan−Quinn criter.	−5.430342
Durbin−Watson stat	1.998937		
Inverted AR Roots	.41	−.07−.41i	−.07+.41i	
Inverted MA Roots	−.08−.56i	−.08+.56i		

注：***在0.01水平上显著，**在0.05水平上显著，*在0.1水平上显著。

第二步：进行 ARCH−LM 检验。

为检验 ARMA（3，2）−GARCH（1，2）模型是否已消除残差序列存在的 ARCH 效应，通过对残差序列进行滞后5阶、10阶、15阶、20阶的 ARCH−LM 检验，结果显示滞后5阶、10阶、15阶、20阶的 F 值、TR^2 值所对应的 P 值均大于0.1

（表 6-20），接受"残差不存在 ARCH 效应"的原假设，即残差不再有 ARCH 效应，说明残差信息提取干净。这说明方差方程估计正确，模型具有较强的解释能力。

表 6-20 ARCH-LM 检验结果表

滞后阶数	F	TR^2
5	0.522063（0.7597）	2.622997（0.7579）
10	1.268721（0.2442）	12.65653（0.2435）
15	1.264260（0.2191）	18.88291（0.2191）
20	1.325490（0.1547）	26.29857（0.1562）

注：括号内为相应 P 值。

第三步：加入 IFFRI 因素。

为研究社交媒体谣言对证券市场波动率的影响，将 IFFRI 值加入方差方程中，回归结果显示（表 6-21），网络谣言在 $t-1$ 期、t 期、$t+1$ 期对股票波动率影响显著。其中 $t-1$ 期和 t 期，社交媒体谣言对证券市场波动率具有正响应，而 $t+1$ 期相反，存在负响应。说明社交媒体谣言在当期和下一期对股票波动率存在影响，且均为正响应；而由于谣言可能提前流传并反馈到股票波动率中，社交媒体谣言相对滞后显现，呈现负响应。

表 6-21 加入 IFFRI 的回归结果表

Mean Equation				
Variable	Coefficient	Std. Error	z-Statistic	Prob.
AR（1）	0.032039	0.397307	0.080641	0.9357
AR（2）	0.078900	0.285089	0.276755	0.7820
AR（3）	-0.008415	0.162180	-0.051888	0.9586
MA（1）	0.406322	0.402772	1.008812	0.3131

Mean Equation				
Variable	Coefficient	Std. Error	z－Statistic	Prob.
MA（2）	0.155201	0.362009	0.428722	0.6681
Variance Equation				
C	6.07E－05***	1.54E－05	3.930161	0.0001
RESID（－1）^2	0.383129***	0.073000	5.248350	0.0000
GARCH（－1）	0.047008***	0.005281	3.006552	0.0088
GARCH（－2）	0.879835***	0.031274	78.74674	0.0018
IFFRI（5）	－0.001362	0.023331	－0.058361	0.9535
IFFRI（4）	－0.019258	0.018274	－1.053840	0.2920
IFFRI（3）	0.023066	0.027686	0.833138	0.4048
IFFRI（2）	0.024900	0.028423	0.876073	0.3810
IFFRI（1）	－0.045179***	0.008029	－5.626647	0.0000
IFFRI	0.076779***	0.024460	3.138989	0.0017
IFFRI（－1）	0.087245**	0.038398	2.272121	0.0231
IFFRI（－2）	－0.032779	0.035823	－0.915039	0.3602
IFFRI（－3）	－0.032526	0.024929	－1.304759	0.1920
IFFRI（－4）	0.012432	0.021468	0.579082	0.5625
IFFRI（－5）	－0.007091	0.020109	－0.352619	0.7244

注：***在0.01水平上显著，**在0.05水平上显著，* 在0.1水平上显著。

2. 社交媒体谣言对证券市场波动率的影响——牛市阶段

第一步：未加入IFFRI因素。

由6.4.2可知应采用ARMA（2，3）－GARCH（2，2）进

行建模，未加入 IFFRI 值回归结果如表 6-22。由此可知，方差方程变量系数显著（在 1%水平下），且 DW 值为 1.893363，表明模型不存在序列自相关。

表 6-22　未加入 IFFRI 的模型结果表

Mean Equation				
Variable	Coefficient	Std. Error	z-Statistic	Prob.
AR（1）	0.170266	1.964121	0.086688	0.9309
AR（2）	-0.087891	0.398817	-0.220379	0.8256
MA（1）	0.334059	1.972381	0.169369	0.8655
MA（2）	0.261774	0.749860	0.349097	0.7270
MA（3）	0.043467	0.375615	0.115721	0.9079
Variance Equation				
C	0.000163***	2.94E-05	5.554517	0.0000
RESID（-1）^2	0.034797	0.066438	0.523750	0.6005
RESID（-2）^2	0.195016**	0.098786	1.974131	0.0484
GARCH（-1）	0.970896***	0.112245	8.649762	0.0000
GARCH（-2）	0.720371***	0.100502	7.167742	0.0000
R-squared	0.237660	Mean dependent var		0.005067
Adjusted R-squared	0.217466	S. D. dependent var		0.020850
S. E. of regression	0.018444	Akaike info criterion		-5.230270
Sum squared resid	0.051369	Schwarz criterion		-5.034766
Log likelihood	417.9610	Hannan-Quinn criter.		-5.150865
Durbin-Watson stat	1.893363			
Inverted AR Roots	.09+.28i	.09-.28i		
Inverted MA Roots	-.07-.48i	-.07+.48i	-.19	

注：***在 0.01 水平上显著，**在 0.05 水平上显著，* 在 0.1 水平上显著。

第二步：进行 ARCH－LM 检验。

为检验 ARMA（2，3）－GARCH（2，2）模型是否已消除残差序列存在的 ARCH 效应，通过对残差序列进行滞后 5 阶、10 阶、15 阶、20 阶的 ARCH－LM 检验，结果显示滞后 5 阶、10 阶、15 阶、20 阶的 F 值、TR^2 值所对应的 P 值均大于 0.1（表 6－23），接受"残差不存在 ARCH 效应"的原假设，即残差不再有 ARCH 效应，说明残差信息提取干净。这说明方差方程估计正确，模型具有较强的解释能力。

表 6－23　ARCH－LM 检验结果表

滞后阶数	F	TR^2
5	0.048644（0.9985）	0.252862（0.9984）
10	0.466886（0.9088）	4.880501（0.8990）
15	0.531798（0.9185）	8.458253（0.9041）
20	0.598293（0.9071）	12.81727（0.8851）

注：括号内为相应 P 值。

第三步：加入 IFFRI 因素。

为研究社交媒体谣言对证券市场牛市阶段波动率的影响，将 IFFRI 值加入方差方程中，回归结果显示（表 6－24），社交媒体谣言在 $t+1$ 期对股票波动率具有负响应。这说明在牛市阶段，由于整个市场"热情高涨"，一些"小道消息"可能提前传开，触发投资者情绪，进而驱动投资者行为，致使股票市场的波动早于谣言呈现出来。

表 6－24　加入 IFFRI 的回归结果表

Mean Equation			
Variable	Coefficient	Std. Error	z－Statistic	Prob.
AR（1）	0.343379	4.735040	0.072519	0.9422

Mean Equation				
Variable	Coefficient	Std. Error	z-Statistic	Prob.
AR（2）	−0.039742	0.231510	−0.171662	0.8637
MA（1）	0.217461	4.745302	0.045827	0.9634
MA（2）	0.199149	2.686516	0.074129	0.9409
MA（3）	−0.106966	1.699762	−0.062930	0.9498
Variance Equation				
C	0.000157***	0.000122	1.531642	0.0256
RESID（−1）^2	0.000520	0.066468	0.407827	0.9938
RESID（−2）^2	0.183562**	0.117467	1.562669	0.0681
GARCH（−1）	0.826292***	0.286545	7.556294	0.0080
GARCH（−2）	0.614917***	0.290837	6.437858	0.0015
IFFRI(5)	0.071649	0.055689	1.286576	0.1982
IFFRI(4)	−0.022381	0.057866	−0.386773	0.6989
IFFRI(3)	0.000330	0.040868	0.008078	0.9936
IFFRI(2)	−0.004799	0.042408	−0.113168	0.9099
IFFRI(1)	−0.047090**	0.023710	−1.986076	0.0470
IFFRI	0.068514	0.057777	1.185841	0.2357
IFFRI（−1）	0.014456	0.069593	0.207726	0.8354
IFFRI（−2）	−0.022772	0.040867	−0.557219	0.5774
IFFRI（−3）	−0.021809	0.044537	−0.489676	0.6244
IFFRI（−4）	−0.019414	0.022850	−0.849616	0.3955
IFFRI（−5）	0.018623	0.039072	0.476625	0.6336

注：***在0.01水平上显著，**在0.05水平上显著，*在0.1水平上显著。

3. 社交媒体谣言对证券市场波动率的影响——熊市阶段

第一步：未加入 IFFRI 因素。

由 6.4.2 可知应采用 ARMA（3，3）-GARCH（1，2）进行建模，未加入 IFFRI 值回归结果如表 6-25。由表可知，方差方程变量系数显著〔在 1% 水平下，除 GARCH（-1）〕，且 DW 值为 1.93291，表明模型不存在序列自相关。

表 6-25　未加入 IFFRI 的模型结果表

Mean Equation				
Variable	Coefficient	Std. Error	z-Statistic	Prob.
AR（1）	0.274742	0.752190	0.365256	0.7149
AR（2）	0.657170 *	0.373218	1.760821	0.0783
AR（3）	-0.205489	0.417074	-0.492692	0.6222
MA（1）	0.085629	0.766710	0.111684	0.9111
MA（2）	-0.519540	0.518227	-1.002534	0.3161
MA（3）	-0.029847	0.236690	-0.126101	0.8997
Variance Equation				
C	3.36E-05**	1.51E-05	2.230176	0.0257
RESID（-1）^2	0.111482**	0.050876	2.191266	0.0284
GARCH（-1）	0.176111	0.357992	0.491940	0.6228
GARCH（-2）	0.654115**	0.333185	1.963222	0.0496
R-squared	0.181297	Mean dependent var		-0.002882
Adjusted R-squared	0.165117	S. D. dependent var		0.029112
S. E. of regression	0.026601	Akaike info criterion		-4.499454
Sum squared resid	0.179021	Schwarz criterion		-4.362125
Log likelihood	592.6793	Hannan-Quinn criter.		-4.444239
Durbin-Watson stat	1.932910			
Inverted AR Roots	.78	.32	-.82	
Inverted MA Roots	.71	-.06	-.74	

注：***在 0.01 水平上显著，**在 0.05 水平上显著，* 在 0.1 水平上显著。

第二步：进行 ARCH－LM 检验。

为检验 ARMA（3，3）－GARCH（1，2）模型是否已消除残差序列存在的 ARCH 效应，通过对残差序列进行滞后 5 阶、10 阶、15 阶、20 阶的 ARCH－LM 检验，结果显示滞后 5 阶、10 阶、15 阶、20 阶的 F 值、TR^2 值所对应的 P 值均大于 0.1（表 6－26），接受"残差不存在 ARCH 效应"的原假设，即残差不再有 ARCH 效应，说明残差信息提取干净。这说明方差方程估计正确，模型具有较强的解释能力。

表 6－26　ARCH－LM 检验结果表

滞后阶数	F	TR^2
5	0.324009（0.8983）	1.648469（0.8953）
10	0.500464（0.8888）	5.128117（0.8825）
15	0.562435（0.9013）	8.706403（0.8924）
20	0.450234（0.9013）	9.480509（0.8924）

第三步：加入 IFFRI 因素。

为研究社交媒体谣言对证券市场熊市阶段波动率的影响，将 IFFRI 值加入方差方程中，回归结果显示（表 6－27），社交媒体谣言在 $t-1$ 期对股票波动率具有正响应。这说明在熊市阶段，由于整个市场"低迷不振"，尽管网络谣言已经传开，投资者也可能"小心翼翼""谨小慎微"，不轻易做出决定，以至于股票市场的波动迟于网络谣言呈现出来。

表 6－27　加入 IFFRI 的回归结果表

Mean Equation				
Variable	Coefficient	Std. Error	z－Statistic	Prob.
AR（1）	0.225664	0.613129	0.368054	0.7128
AR（2）	0.152065	0.411844	0.369229	0.7120

续表6-27

Mean Equation				
Variable	Coefficient	Std. Error	z-Statistic	Prob.
AR (3)	0.186543	0.318229	0.586192	0.5577
MA (1)	0.174070	0.593019	0.293531	0.7691
MA (2)	−0.005646	0.455547	−0.012395	0.9901
MA (3)	−0.189166	0.148852	−1.270832	0.2038
Variance Equation				
C	5.64E−05	5.49E−05	1.027295	0.3043
RESID (−1)^2	0.419072**	0.177341	2.363084	0.0181
GARCH (−1)	0.013326	0.265067	0.050276	0.9599
GARCH (−2)	0.521720**	0.268268	1.129081	0.0673
IFFRI (5)	−0.035057	0.172698	−0.202993	0.8391
IFFRI (4)	−0.173675	0.212238	−0.818304	0.4132
IFFRI (3)	0.271388	0.192923	1.406714	0.1595
IFFRI (2)	0.129419	0.199104	0.650006	0.5157
IFFRI (1)	−0.069313	0.183919	−0.376870	0.7063
IFFRI	−0.109968	0.166081	−0.662134	0.5079
IFFRI (−1)	0.578939***	0.218351	2.651408	0.0080
IFFRI (−2)	0.021658	0.245584	0.088188	0.9297
IFFRI (−3)	−0.173215	0.168699	−1.026766	0.3045
IFFRI (−4)	0.049137	0.225346	0.218052	0.8274
IFFRI (−5)	−5.09E−05	0.189292	−0.000269	0.9998

R-squared	0.193249	Mean dependent var	−0.002332
Adjusted R-squared	0.176852	S. D. dependent var	0.029016
S. E. of regression	0.026325	Akaike info criterion	−4.572780
Sum squared resid	0.170481	Schwarz criterion	−4.278661
Log likelihood	597.1703	Hannan-Quinn criter.	−4.454433

Mean Equation				
Variable	Coefficient	Std. Error	z-Statistic	Prob.
Durbin-Watson stat	1.950781			
Inverted AR Roots	.75	-.26+.42i	-.26-.42i	
Inverted MA Roots	.52	-.35+.49i	-.35-.49i	

注：***在0.01水平上显著，**在0.05水平上显著，*在0.1水平上显著。

6.4.4　稳健性检验

为了检验ARMA-GARCH模型对稳健性，本书用沪深300代替上证综指对观察期全部样本再次进行了ARMA-GARCH建模，以验证回归结果。此处关于"数据准备与模型构造"阶段对具体过程与6.4.2和6.4.3相似，不再赘述。仅对其回归结果展示如下。

1.　未加入IFFRI因素

由6.4.2可知应采用ARMA（1，1）-GARCH（1，1）进行建模，未加入IFFRI值回归结果如表6-28。由表可知，方差方程变量系数显著（在1%水平下），且DW值为2.031872，表明模型不存在序列自相关。

表6-28　未加入IFFRI的模型结果表

Mean Equation				
Variable	Coefficient	Std. Error	z-Statistic	Prob.
AR（1）	0.552897***	0.062875	8.793634	0.0000
MA（1）	-0.109869	0.075554	-1.454192	0.1459

Mean Equation				
Variable	Coefficient	Std. Error	z-Statistic	Prob.
Variance Equation				
C	5.28E-06***	9.99E-07	5.281937	0.0000
RESID（-1）^2	0.077655***	0.011625	6.679809	0.0000
GARCH（-1）	0.913658***	0.009581	95.36635	0.0000
R-squared	0.227124	Mean dependent var		0.001159
Adjusted R-squared	0.226030	S. D. dependent var		0.024486
S. E. of regression	0.021542	Akaike info criterion		-5.096076
Sum squared resid	0.327618	Schwarz criterion		-5.063855
Log likelihood	1809.011	Hannan-Quinn criter.		-5.083627
Durbin-Watson stat	2.031872			
Inverted AR Roots	.55			
Inverted MA Roots	.11			

注：***在0.01水平上显著，**在0.05水平上显著，*在0.1水平上显著。

2. 进行 ARCH-LM 检验

为检验 ARMA（1，1）-GARCH（1，1）模型是否已消除残差序列存在的 ARCH 效应，同样通过对残差序列进行滞后5阶、10阶、15阶、20阶的 ARCH-LM 检验，结果显示滞后5阶、10阶、15阶、20阶的 F 值、TR^2 值所对应的 P 值均大于0.1（表6-29），接受"残差不存在 ARCH 效应"的原假设，即残差不再有 ARCH 效应，说明残差信息提取干净。这说明方差方程估计正确，模型具有较强的解释能力。

表 6-29 ARCH-LM 检验结果表

滞后阶数	F	TR^2
5	1.212659（0.3014）	6.062747（0.3002）
10	0.930450（0.5043）	9.327156（0.5014）
15	0.925846（0.5348）	13.93014（0.5308）
20	0.875452（0.6193）	17.59834（0.6138）

3. 加入 IFFRI 因素

为了研究基于沪深 300 指数的社交媒体谣言对证券市场波动率的影响，同样将 IFFRI 值加入方差方程中，回归结果显示（表 6-30），网络谣言在 $t-2$ 期、$t-1$ 期以及 $t+1$ 期对股票波动率影响显著，且 $t-1$ 期、$t+1$ 期系数符号和显著性均未发生变化，与 6.4.3 基于上证综指的回归结论基本吻合，说明由 ARMA-GARCH 建模所得结论具有稳健性和一致性。尽管 $t-2$ 期系数由不显著变为显著，但是时间跨度紧邻，所以可以认为不影响 ARMA-GARCH 建模所得实证结论。

表 6-30 加入 IFFRI 的回归结果表

Mean Equation				
Variable	Coefficient	Std. Error	z-Statistic	Prob.
AR（1）	0.554630***	0.059193	9.369873	0.0000
MA（1）	-0.111926	0.079385	-1.409907	0.1586
Variance Equation				
C	3.37E-05***	8.85E-06	3.810419	0.0001
RESID（-1）^2	0.215986***	0.046138	4.681314	0.0000
GARCH（-1）	0.598619***	0.058805	10.17967	0.0000
IFFRI（5）	-0.017812	0.015095	-1.179970	0.2380

Mean Equation				
Variable	Coefficient	Std. Error	z—Statistic	Prob.
IFFRI（4）	−0.011600	0.020341	−0.570257	0.5685
IFFRI（3）	0.007652	0.025088	0.305016	0.7604
IFFRI（2）	0.036323	0.038571	0.941711	0.3463
IFFRI（1）	−0.054783**	0.025497	−2.148589	0.0317
IFFRI	−0.017797	0.027341	−0.650923	0.5151
IFFRI（−1）	0.266904***	0.048685	5.482294	0.0000
IFFRI（−2）	−0.172312***	0.038247	−4.505264	0.0000
IFFRI（−3）	0.006802	0.023557	0.288738	0.7728
IFFRI（−4）	0.002100	0.028396	0.073954	0.9410
IFFRI（−5）	−0.008511	0.020946	−0.406348	0.6845
R—squared	0.223543	Mean dependent var		0.001382
Adjusted R—squared	0.222435	S. D. dependent var		0.024353
S. E. of regression	0.021474	Akaike info criterion		−5.086293
Sum squared resid	0.323262	Schwarz criterion		−4.982615
Log likelihood	1803.832	Hannan—Quinn criter.		−5.046223
Durbin—Watson stat	2.038639			
Inverted AR Roots	.55			
Inverted MA Roots	.11			

注：***在0.01水平上显著，**在0.05水平上显著，*在0.1水平上显著。

6.4.5 实证结论

通过 ARMA—GARCH 建模以及方差方程的回归结果，可以看出，社交媒体谣言对证券市场波动率存在影响。①对观察期总体而言，$t-1$ 期和 t 期，谣言对证券市场波动率具有正响应，而 $t+1$ 期相反，存在负响应。这说明在本书观察期内，由于股市所在时期的特殊性，谣言的出现对证券市场波动率的影响总体呈现为减弱。同时，回归结果一方面说明，谣言对股票波动率具有提前预示作用，触发投资者情绪，进一步驱动投资者行为，对证券市场波动率带来显著的正响应；而另一方面，由于社交媒体谣言的提前流传，早于网络谣言对"正式发布"而反馈到股票波动率中，网络谣言呈现相对滞后的特点，此时，投资者可能面临着私下里的"道听途说"，在没有正式看到谣言之前由于面对"小道消息"的"不确定性"而表现的热情不高，导致股票波动率呈现减弱的负响应。②牛市阶段，谣言在 $t+1$ 期对股票波动率具有负响应。这说明在牛市阶段，由于整个市场"热情高涨"，行情攀升"不可阻挡"，一些所谓的"小道消息""推波助澜"并可能提前传开，加快触发投资者情绪，进而驱动投资者快速响应，股票市场波动早于网络谣言呈现，并呈现出负响应，股票收益率持续上涨，波动率减缓。③熊市阶段，网络谣言在 $t-1$ 期对股票波动率具有正响应。这说明在熊市阶段，由于整个市场"低迷不振"，尽管谣言已经传开，投资者也可能"如履薄冰"，不轻易做出决定，以至于股票市场的波动迟于网络谣言呈现，并呈现出正响应。④通过稳健性检验，与 6.4.3 回归结论基本吻合，说明由 ARMA－GARCH 建模所得结论具有稳健性和一致性。

6.5　本章小结

本章通过使用 VAR 模型和 GARCH 模型，分析了社交媒体谣言对证券市场收益率、波动率均存在影响。实证结论为：①从社交媒体谣言对证券市场收益率总体存在影响，且存在提前和滞后影响。可以看出，投资者在面对社交媒体谣言时，总体表现为自信心的增强，判断具有偏向性，交易频度加大，导致过度交易，从而形成了对证券市场收益率的冲击，这也印证了我国个体投资者在总体上存在过度自信的结论（李心丹等，2002）。②社交媒体谣言对证券市场波动率总体存在影响，且同样存在提前和滞后影响。可以看出，社交媒体谣言触动投资者情绪，投资者往往不会仔细对其评估，使股价产生短时期波动（$t-1$ 至 $t+1$），正如 Odean 模型的预测"股票价格波动率随着过度自信的增加而增加"（Odean，1998）。③社交媒体谣言对证券市场的收益率与波动率的影响牛市比熊市更为显著，谣言效应出现的时段也正好相反。可以看出，牛熊市的不同反应，也印证了我国投资者在受到谣言影响的情况下，在不同市场环境中，心理特征与行为模式具有差异（何欣，2012）。投资者投资时的情绪状态是导致牛市最为重要的一个因素（Shiller，2000），投资者在牛市的不断获利，对预想的风险变得更为开放，表现为"赌场资金效应"[①]，而在熊市中不断失利之后，教训会使得投资者风险规避意识增强，表现为"蛇咬效应"[②]（Thaler and Johnson，1990）。④在社交媒体谣言的影响下，我国个体投资者表现出浓重的"羊群效应"，追随谣言的意志，对自己的意见默认否定，对分散的观点（如谣言等）赋予不适当的权重，从而让其承担更多的风险暴露（Odean，1998）。

通过实证结论可以得出，社交媒体视角下的谣言对证券市场收益率、波动率均存在影响，印证了本书最初的判断。通过"社

---

① 赌场资金效应：人们对意外之财更愿意采取一些冒险的投资方式。
② 蛇咬效应：投资者在经历亏损后，更不愿意冒风险。

交媒体谣言—投资者情绪—证券市场波动—金融风险"的传导与放大,社交媒体谣言最终势必引发市场恐慌与社会动荡,给金融系统带来灾难性的系统风险。因此,也进一步印证了基于社交媒体视角下谣言对证券市场影响的研究重要而紧迫。同时,本章也为基于社交媒体谣言治理提出有效策略,做好了实证分析的基础,下一章将从投资者、上市公司、中介机构和监管机构的不同视角给出政策建议,为社交媒体谣言影响下中国证券市场的稳定与繁荣做出有益尝试与探索。

7 基于社交媒体的证券市场
治理策略

　　"社交媒体谣言—投资者情绪—证券市场波动—金融风险"的研究主链条中前三环已经梳理清楚，依据前述结论和相关分析，社交媒体谣言的传播对证券市场平稳健康运行有着显著影响，这种影响源自市场同时又反作用于市场。如果将证券市场看作一个博弈场，那么谣言就是多空双方进行博弈的诱饵，同时谣言信息的难以证伪和证伪成本较高，加之投资主体"宁可信其有，不可信其无"的心理，让诱饵不断变换成为所谓的"市场热点"，导致市场信息失真，概念投资、短期心理在市场不断蔓延，引发市场"羊群效应"，股票价值难以得到真实反映，并不断滋生和助推市场泡沫。在我国大力发展资本市场，规范资本市场秩序，促进资本市场健康发展的政策背景下，社交媒体谣言成为市场中难以祛除的"牛皮癣"，其产生的速度、数量和影响力远超传统纸媒时代，对市场"免疫力"的影响也更加深切和频繁，不利于有效市场的构建和完善。因此，证券市场各参与主体需要采取更加积极有效的手段对社交媒体谣言信息进行治理，增强对谣言信息分析辨识、快速响应和正确认知的能力。

7.1　社交媒体谣言监测分析平台的构建设想

Web3.0时代的到来，新媒体产生和发展日新月异，媒体信息的传播已超出传统的网页浏览与信息单向接收模式。自媒体的兴起和社交网络的繁荣让各类信息的发布和传播实现零成本，大量自由发布的媒体信息游离于各大信息平台中，一定程度上形成对市场情绪的无形指引。同时，宽松的网络环境让部分网络谣言的发布和传播置身于传统监管视角之外，其传播速度快、受众群体广、影响范围大，容易因治理不及时、治理不当导致监管失效甚至局面失控。传统的网络谣言治理方法已明显滞后于互联网时代的内在需求，须从更加快速、科学和可量化的方向思考网络谣言监管定位和治理手段。鉴于此，本书创新性地提出以"财经网络谣言监测分析平台"（Financial network rumors monitoring and analysis platform，RMAP）构建及应用为基础，探索治理证券市场社交媒体谣言的新思路。

需要说明的是，本书所指的财经网络谣言监测分析平台（RMAP），是指借助文本挖掘、网络爬虫、机器学习等新型多元神经网络技术，及时、准确、全面地对社交媒体谣言进行系统监测、抓取筛选、量化分析、快速处理和信息预警的集成化信息互联平台。一方面，包括监管机构、中介机构、上市公司等在内的市场参与主体能够通过该平台实现对社交媒体谣言的实时监测和快速澄清，投资者能及时获取市场辟谣信息。另一方面，市场中各方都能基于平台反馈信息迅速做出基于各自角色的决策反应，从而减少噪声信号影响，平抑市场波动。

7.1.1　社交媒体谣言监测分析技术运用可行性

1. 社交媒体谣言控制的社会伦理探讨

互联网具有天然的自由性，这种自由性为互联网用户发声提供了宽松的平台，但用户匿名特点也导致信息发布的随意性，各类信息不断充斥和泛滥，为网络空间的纯净性和健康性带来一定不良影响。因此，是否对网络媒体信息，尤其是社交媒体谣言进行内容控制成为一个非常现实的问题。Spinello（2003）认为，网络的言论自由和内容控制已成为信息时代最富争议的道德问题。

在有关互联网信息控制问题上，自由主义者认为，网络是一个自由的平台，充满言论自由且不应施以任何形式的监管，任何对网络信息控制的行为都是对互联网自由民主的侵犯，违背其建立的初衷。但事实也清晰表明，在网络技术形式日益多元化趋势下，网络信息的传播和失控给经济社会带来的不安定因素与日俱增。无论是公共安全领域、社会民生领域还是经济金融领域等都不同程度地存在社交媒体谣言信息的侵扰，其带来的综合治理成本难以估计。因此，作为对立面的控制主义者认为理应加强互联网内容控制，网络自由固然重要，但必须建立在不损害公共利益，不违背社会道德伦理基础之上，适度的控制是为了更加良性的自由。

在社交媒体谣言监测控制问题上，既涉及法律层面也涉及社会伦理层面，需要以辩证的思维看待。应该看到，网络的自由性的确是推进互联网繁荣的重要动力，这种自由性打破了纸媒时代的信息壁垒，信息传播的畅通和便利降低了信息获取成本。证券市场有关上市公司的大量信息，从不同角度反映上市公司全貌，从而促成一个合理股价水平的形成，维持了上市公司和投资者的利益平衡。但网络自由性作为一把双刃剑的事实也是不言自明的。以网络水军为代表的谣言和垃圾信息传播者不断渗透和侵蚀互联网自由主义的道德底线，通过持续的信息炒作谋取不正当利益，损害市场公平，挑战法律权威，成为网络时代证券市场的一大毒瘤。基于此，本书认为适度的网络信息内容控制和社交媒体谣言监测符合社会伦理要求且不违背网络自由与民主，相反使得这种自由更具保护性。

2. 社交媒体谣言监测治理的法律依据

我国《宪法》第三十五条规定中华人民共和国公民有言论、出版、集会、结社、游行、示威的自由。同时在第五十一条也规定，公民在行使自由和权利时不能损害国家的、社会的、集体的和其他公民的合法的自由和权利。是否符合法律和道德规范无疑是社交媒体谣言与言论自由的分界线。超出这一界限的言论自由应该划入社交媒体谣言范畴，应当受到法律管制。除《宪法》以外，在民法、行政法、刑法领域也都对公民的名誉权、谣言导致损害的相关处罚以及刑事责任认定等方面做了明确规定。针对近年来网络谣言的不断激增和造成的危害，2013 年 9 月，最高人民法院和最高人民检察院联合发布了《关于办理利用信息网络实施诽谤等刑事案件适用法律若干问题的解释》，首次针对网络谣言做出司法解释，将网络谣言相关行为列入诽谤罪，并以点击量和浏览数等指标为依据作为量刑标准。当前证券市场谣言的大量存在，不仅损害上市公司和中小投资者利益，更扰乱了整个市场的秩序和效率，应该成为重点治理目标。但在有关谣言的定性及发布者信息举证等方面尚存在难度，导致社交媒体谣言治理存在较大的操作障碍，如果通过特定的技术手段予以辅助将带来较大改善，本书设想的社交媒体谣言监测分析平台的预期可在一定程度上解决这些问题。

3. 社交媒体谣言监测分析技术应用的可行性

Fama（1970）提出有效市场理论假说的三种形式：弱势、

半强势、强势。已有研究中，王建敏、秦亚芳（2011）和张文强、孙国茂（2016）对我国证券市场有效性的研究均表明，我国证券市场还未达到半强势有效水平。市场现状也对此进行了印证：我国证券市场不仅未对一些上市公司内幕信息、未公开信息进行及时公开，甚至连一些盈余公告、年度报告等已公开信息也尚未达到市场效率的有关标准，这为社交媒体谣言的诞生提供了市场缝隙。证券市场迫切需要一个公开透明的信息平台提升市场效率，反映市场真实面貌，让内幕交易、投机行为彻底边缘化，实现真正意义上的价值投资，从而将资本市场塑造为支持实体经济持续健康发展的生态圈。相关研究成果中，周彦（2012）和崔亮（2013）分别论证了搭建政府、企业、投资者、中介机构之间信息沟通平台和投资者情绪测评统计的有效性，一定程度上为RMAP构建和技术应用提供了思路。

实践应用表明，随着网络化和大数据时代的到来，科学的监测分析技术已广泛应用于经济金融各个领域。2014年《中国证券市场发展规划纲要（2014—2020）（讨论稿）》发布，提出加强统一互联的私募市场监测监控平台和备案系统建设。在电子商务领域，借助特定的监测分析技术，以淘宝网、京东商城、Amazon等为代表的大型电子商务企业，通过对用户消费偏好、商品价值等信息进行记录和归类并进一步做出消费行为分析，实现了向单个用户定向推送商品广告和优惠信息的精准营销目的。在反洗钱领域，借助反洗钱监测分析系统，已实现对可疑与大额标准的参数化管理及其数据的自动生成，以及数据项的检查等主要功能。此外，一些大型银行机构及其他商业领域都在积极构建旗下大数据监测分析平台，通过海量信息实时提取和统计分析，为未来发展战略提供依据，为精准施策提供量化标准。这些已有监测分析技术的实践应用充分证明了海量信息监测分析和运算的可行性，其设计思路和实践经验为RMAP构建提供了可靠的现实依据和探索方向。

从应用趋势来看，随着计算机运算能力的不断进步和金融智能研究的积极拓展，传统数据挖掘时代已过渡到全新的文本挖掘时代，通过面向实际应用的量化机制，能够实现文本信息准确分析和结果运算，其应用的深度和广度将在未来经济社会各领域进一步延伸。正如谢平（2017）指出，人工智能可以获取的数据量接近无穷，比监管部门的数据多得多；可以完全执行金融监管的各种参数；可以统计和掌握关于金融监管的知识总和；可以用人工智能替代人工监管，未来金融监管技术是主要的，金融体制不重要。应该看到，在当前这样一个全新的时代，监管手段需要更多地适应市场环境，积极利用业已成熟的监测分析技术提升监管决策水平。前述研究表明，通过文本挖掘和机器学习等新技术可以较好地量化社交媒体谣言对证券市场的影响，对谣言作用下的市场趋势进行较为准确的刻画，使人们能够更好地了解证券市场运作机理，进一步则能够在谣言治理方面实现精准化的证券市场监管，维护整个市场的稳健运行。

基于前述研究成果，结合有关伦理判断、法律依据、已有研究成果和实践以及未来发展趋势，本书认为构建以 RMAP 为核心的社交媒体谣言治理机制具有一定的可行性，对促进我国证券市场提质升级和保护投资者合法权益具有积极的现实意义。

7.1.2　RMAP 构建前提

如果将现有社交媒体谣言治理归于定性施策范畴，那么 RMAP 则更多侧重于定量分析领域，定性和定量相结合对于增强工作的适应性是不言而喻的。通过监测分析平台这一核心，能够更好协同市场各大主体应对社交媒体谣言的行为举措，加快响应速度，提升决策效率。从该角度来看，RMAP 的确可作为现有治理手段的重要技术补充，通过定量测度，为治理决策的制定提供可量化的参考依据，深入现有监管模式中尚未触及的环节。因此，探索性建立 RMAP，将精准量化的新思路引入网络谣言治理实践中是值得尝试的。

社交媒体谣言治理的总体思路应该是防止因社交媒体谣言导致的系统性、规模性市场风险和异常的大幅市场波动。为突出监测分析侧重点，降低监测分析成本，提升应对社交媒体谣言时的响应速度，增强治理的关键效果，在顶层设计中应该对监测分析对象或内容进行一定程度的精简和优化，在 RMAP 构建方面应该明确两个基本前提：

前提一：并不试图全面消除社交媒体谣言或者打造一个信息完全公开的透明市场。合理的方式是适应新媒体环境，运用已有工具或手段增强社交媒体谣言应对水平。首先，谣言信息的产生和传播在 Web3.0 时代更难控制。在新闻自由化和媒体多元化的传播背景下，社交媒体谣言与传统新闻内容之间的界限已经基本消除，各类海量碎片化信息借助媒体平台以各种形式向受众群体推送，投资者在接收媒体信息的同时总会在毫无知觉中被各类谣言信息所影响，试图对其中的谣言信息进行分离和剔除是不现实的。其次，信息完全公开的市场在现实环境中是不存在的。Fama（1970）认为，如果股票价格能对所有可获取信息进行完全反应，那么市场就是有效率的市场。受现实约束，现阶段的证券市场极大程度上是缺乏效率的，内幕交易的存在使得信息公开受到挑战，同时，与上市公司有关的信息公开范围、速度，内容真实性等都在很大程度上影响股票信息的完整性，因此，股票价格并不能真实反映其内在价值。第三，社交媒体谣言治理宜疏不宜堵。依法行政已成为政府部门对公众的承诺，随着政务公开范围的不断扩大，对行政部门工作水平要求越来越高。虽然谣言信息不能完全消除，但通过科学决策和采取合理方式加以控制却是可行的，例如保持与市场外围相关主体间（包括媒体信息监管部门、媒体信息平台服务提供商等）密切的信息沟通和技术合作，实现事后治理和事前控制相结合。

前提二：并不试图对所有上市公司谣言信息实现监测分析全覆盖。科学的监管手段应该是抓大放小，重点关注那些市值较大，系统重要性较强的上市公司。首先，从投入产出来看，出于成本收益考虑，实现对所有上市公司谣言信息的监测分析显然不够经济，人力成本和其他无形成本必然较高。其次，从监管有效性来看，抓大放小才能体现对主要矛盾的把握和最大限度地实现监管效率。这符合监管部门把握市场重要格局的职责定位，并且一定程度噪声的存在并不影响市场整体的规范性和有效性。第三，现有金融业监管方式普遍以对具有系统重要性金融机构①的监测和干预为重点，且表现出良好的适应性，如国际货币基金组织和世界银行联合主导的金融部门评估规划（FSAP）。我国于2009 年 8 月正式启动 FSAP 项目，具体操作方法便是以系统重要性金融机构作为评估对象，通过开放、透明的评估，对整个国家金融体系的稳健性（脆弱性）进行度量，在吸收评估结果和评估意见基础上，可为我国金融业中长期发展规划的制定提供大量有价值的信息。

7.1.3 RMAP 构建设想

本书初步设想，RMAP 由主体平台和外围平台构成，主体平台主要负责社交媒体信息监测、后台技术分析和重要信息反馈，外围平台主要负责与主体平台进行信息对接和根据要求配合

---

① 系统重要性金融机构是指业务规模较大、业务复杂程度较高、一旦发生风险事件将给地区或全球金融体系带来冲击的金融机构，这一概念由国际货币基金组织、巴塞尔银行监管委员会和金融稳定理事会等国际金融监管组织提出。

开展社交媒体谣言前端治理。

1. 主体平台的构建

首先是基本框架及具体工作流程。基于上述两个前提和应用需求，在监测分析主体平台基本框架设计方面，应分别构建平台中枢和用户分支两大模块。其中，平台中枢即为社交媒体谣言监测分析平台，该平台应由前台、中台和后台构成。用户分支可由证券市场中几大主体构成，主要包括监管机构、上市公司、中介机构[①]和投资者等。RMAP 作为联系几大主体的中枢，可利用其后台实现媒体信息监测、信息抓爬、文本挖掘、谣言内容分析、结果生成和阈值判断等功能，利用中台实现后台运算信息向用户分支传递和决策提示等功能，利用前台实现谣言澄清和事项公告等功能。平台中枢与用户分支间的交互关系配合几大主体间既有的角色关系，实现一个新型的社交媒体谣言监管闭合。基于此，社交媒体谣言监测分析主体平台构建的基本思路可描绘如图7-1[②]。

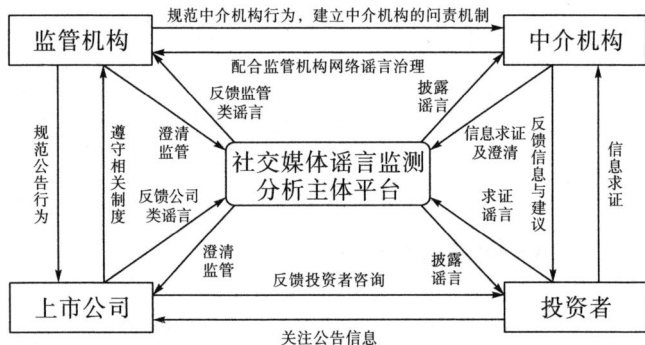

图 7-1 社交媒体谣言监测分析主体平台基本框架

---

① 本书的中介机构是指从事证券经纪、承销代理和登记结算等业务的证券公司、基金公司、信托公司及部分商业银行和保险公司等金融机构。

② 在平台构建初期暂由监管机构、中介机构、上市公司和投资者四大主体组成，随着对谣言监测分析手段运用的日渐成熟及平台延展性，可增加如财政部门、税务部门等其他主体。

社交媒体谣言监测分析主体平台具体工作流程可做如下考虑：

（1）监管机构确定证券市场中系统重要性和规模性上市公司名录并录入监测分析平台。

（2）将监测分析平台与各类主流财经媒体、论坛、社交平台等信息发布端服务器进行网络对接，实时获取公开的媒体信息。

（3）监测分析平台对当日各发布端的所有公开信息进行抓爬和聚类。

（4）利用平台的文本挖掘技术对抓爬和聚类信息进行谣言辨识，自动整理形成谣言信息库，通过机器学习对辨识的谣言信息做出积极和消极情绪判断。

（5）利用前述 IFFRI 指数和计量模型对 $t+n$（$n=1$，2，3，…）天市场走势进行预测。

（6）结合预测结果与监管机构设定的市场波动阈值进行比对，确定网络谣言的影响程度或系统性影响力。

（7）根据影响程度或系统性影响力对是否启动网络谣言应对策略进行自动提示，详情传递至对应的主体并抄送监管机构。

（8）对应主体应按照维护市场稳定性原则，在监管机构指导下科学有效制定涉及自身的网络谣言澄清方案，通过 RMAP 进行公告澄清。

其中，（1）～（5）为后台流程，（6）为中台流程，（8）为前台流程。

根据上述步骤，后台应存在如图 7-2 所示信息交互架构。

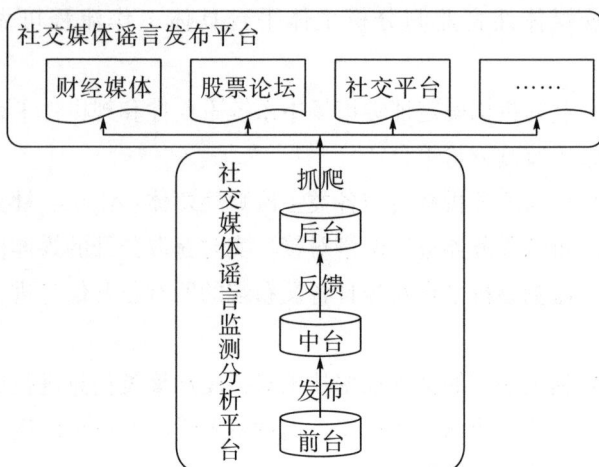

图7-2 RMAP工作流程图

其次是角色及用户功能划分。通过上述基本框架和具体工作流程，拟将平台中各市场参与主体按角色性质进行功能划分，平台运行初期考虑如表7-1所示，后续根据实际应用状况及合理的用户需求予以扩充。

表7-1 RMAP参与方角色及系统功能

证券市场参与方	角色及系统功能
监管机构	监管机构统筹市场监管与发展，主导平台的构建、人员招募、机构接入和会员注册以及平台的运行与维护等事宜。拥有管理员权限，负责管理和解禁谣言数据库。监管机构可结合平台持续监测分析结果实现对证券市场健康发展的动态引导，对涉及自身的网络谣言进行澄清公告。
机构主体	中介机构和上市公司等机构主体拥有二级权限，对平台中各自对应的网络谣言信息数据库拥有访问权，对需要启动辟谣程序的网络谣言信息负有公告澄清义务。保持与投资者之间的信息交互，接受投资者咨询并做出合理的信息公开。

证券市场 参与方	角色及系统功能
投资者	投资者拥有普通权限，平台可向投资者开放普通用户注册入口，投资者仅作为信息受众实时获取前台各市场主体发布的最新澄清公告，对解禁谣言数据库拥有查询功能。平台不设普通用户论坛专区，避免投资者进行群体信息解读。

2. 外围平台信息对接

RMAP主体平台通过联系市场参与主体发挥着谣言监测、分析和澄清功能，但这只能看作是对社交媒体谣言的被动治理，如果仅限于此，则整个工作流程将始终处于谣言澄清追赶谣言传播的无限循环中。如何将主体平台功能效用发挥到最大，需要考虑主动治理思路，通过主体平台与外围平台（各类财经媒体平台）相连接，实现主体平台重点信息反馈和外围平台发布者信息追溯。外围平台中的各路财经媒体并非市场直接参与主体，但却扮演了利益相关者角色。财经媒体是各类社交媒体谣言信息诞生地和发布端，通过作用于发布端将有效增强社交媒体谣言治理的主动性。如果将监测分析主体平台中获取的主要谣言类别、发布者信息、点击量、谣言指数等重点内容与外围平台进行信息共享，将有助于财经媒体运营方进行重点排查和对后期类似谣言的屏蔽。

从法律意义上看，财经媒体作为营利性公共平台，有履行法律规定，维护网络秩序的义务。我国《侵权责任法》第三十六条规定："网络用户利用网络服务实施侵权行为的，被侵权人有权通知网络服务提供者采取删除、屏蔽、断开链接等必要措施，网络服务提供者接到通知后未及时采取必要措施的，对损害的扩大部分与该网络用户承担连带责任；网络服务提供者知道网络用户利用其网络服务侵害他人民事权益，未采取必要措施的，与该网

络用户承担连带责任。"因此，作为外围平台的各路财经媒体应
积极协助监管机构开展社交媒体谣言治理，在法律规定范围内予
以积极配合。

主体平台与外围平台对接具体工作流程如图7-3。

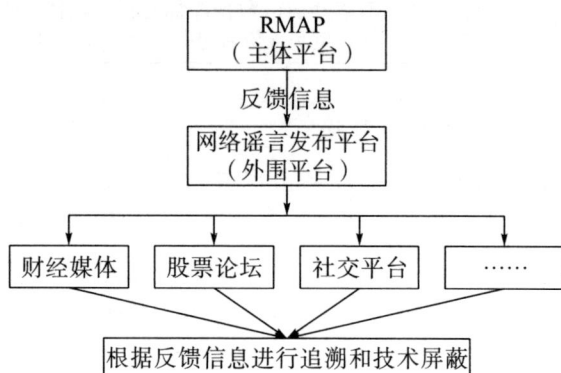

图7-3 主体平台与外围平台对接流程

7.2 社交媒体谣言监测分析平台应用策略

在信息公开化程度较低的市场中，社交媒体谣言的澄清始终
处于对谣言信息的追赶过程中，且难以有效缩小相互之间的时间
差距。一方面，澄清公告的发布不可能早于社交媒体谣言的诞生
时间；另一方面，对潜在社交媒体谣言信息探测往往无从下手，
因此，无法进行某类社交媒体谣言的针对性预防。通过RMAP，
证券市场各参与主体可以加快对谣言的响应速度，精简信息传递
流程，并且可对系统重要性影响大的谣言信息做出针对性决策，
使得澄清公告尽量提前，缩短谣言传播时间，缩小谣言传播范
围，进而减少谣言对市场产生更大幅度的波动影响乃至系统性影
响。与此同时，根据分析结果，人们可以清楚地看到哪些上市公

司谣言信息较为集中，哪类谣言信息更具传染性，哪些发布者较为活跃等，从而要求财经媒体据此加以主动治理。因此，加强对平台的应用可作为制定监管决策、上市公司稳定股票价格水平、投资者培养理性投资意识的重要辅助。更重要的是，通过监测分析主体平台的枢纽作用和用户分支间的信息交互以及主体平台与外围平台的对接，可以实现社交媒体谣言的及时澄清、信息的有效传递和对谣言来源的精准控制，最大限度协调市场主体和相关者的行为。

7.2.1　监管机构的应用与决策参考

本书的监管机构是一个相对广义的概念，包括但不限于"一行二会"、国务院下属金融事务管理部门、沪深证券交易所和相关自律性组织等。其中，证监会应发挥直接主导作用，"一行二会"通过联系机制增进监管合力；国务院下属金融事务管理部门主要发挥工作指导和监管协调作用；其他监管机构根据各自市场角色和职责定位发挥相应的监管政策执行和工作配合作用。通过平台对谣言信息类别、发生频率、影响力等要素的筛选和整理，可为监管机构提供社交媒体谣言治理的量化参考，具体主要体现在以下三个方面。

1. 增进社交媒体谣言治理中的法制建设

现实表明，目前我国社交媒体谣言治理很难说是有效的，操作中还存在不少现实困境。首先，社交媒体谣言如何定性以及如何举证等问题仍存在难度。其次，社交媒体谣言演变速度快，监管法规难以有效跟进。第三，社交媒体谣言发布和传播的法律责任尚未得到充分认识。从根本上来说，是因为针对社交媒体谣言的法制建设尚不健全。针对三个方面的困境，RMAP 预期可在以下三个方面发挥作用：一是在谣言甄别和量化方面可有效借鉴机器学习和谣言指数有关原理对谣言加以定性，同时结合重点谣言信息追溯可较为准确地定位谣言传播者，达到定向处罚目的，增强对严重传谣行为处罚的法律示范作用，形成对整个社会法制风气的正确引领。二是增强监管法律法规与现实情况的适应性。监管机构可从平台谣言数据库获取分上市板块的社交媒体谣言、分行业的社交媒体谣言、分内容属性的社交媒体谣言等重要历史信息，提高监管机构有关网络谣言监管法规制定过程中的针对性和有效性。监管机构还可通过法规实施后的动态监测分析，做出社交媒体谣言信息数量、种类和影响力等指标的前后对比，掌握法规运行的实际效果，对应查找法律条款空白，并通过精准施策，为后续法律法规修订和补充完善工作提供实践依据。三是提升社会公众对社交媒体谣言监管法律法规的严肃性认识。借助平台的官方优势和权威性加大对社交媒体谣言法律法规的市场宣传力度，达到广而告之的效果，使社会公众正确认识社交媒体谣言的危害，自觉抵制传谣和信谣行为，树立对法律权威的敬畏之心，从根源上动摇社交媒体谣言传播的意识根基。

2. 提供谣言澄清与公告窗口

首先，随着资本市场的日益壮大，监管行为较以往任何时候都更为频繁，与此同时，监管类网络谣言传播更广也更为市场所关注。为确保市场的平稳运行，监管机构的任何监管行为在执行前往往慎之又慎，反而助长网络谣言利用谨慎期的时间空隙进行捕风捉影的传播。其次，分业监管带来的权力分散和监管行为分化，容易导致监管机构彼此间信息不畅，为社交媒体谣言滋生带来可乘之机。第三，当前针对监管类社交媒体谣言的澄清大多通过各监管机构官方渠道或财经媒体采访报道等方式面向公众，存在澄清公告分散化、信息获取成本高以及各渠道澄清内容不衔接等缺点。RMAP能较大程度集成信息，减少信息规范和获取成本，形成统一对外的谣言澄清窗口。一方面，RMAP运用文本挖掘和网络爬虫等技术，能够迅速有效发掘监管类谣言，并根据谣言来源和谣言信息内容，结合监管机构管理权限及保密范围予以系统提示，便于监管机构协调和采取一致行动。另一方面，借助 RMAP，各监管机构可将原本分散澄清的谣言信息通过RMAP 进行澄清信息整合，根据需要采取联合发布澄清公告的方式提升澄清信息的完整性和透明度，增强辟谣公信力。以利用对社交媒体信息内容的实时分析与监控，实现谣言对证券市场异常波动影响的预警，维护证券市场的稳定；真正实现互联网媒体，尤其是社交媒体的传播，有利于我国证券市场降低市场参与者间的信息不对称。

3. 谣言治理的媒体协作

我国社交媒体谣言治理更多依赖政府部门或对应的监管机构，较少有其他行为主体的参与，即便有，也更多采取行政命令的方式，要求谣言发布端删帖或停止谣言侵权行为等，治理过程中的相互配合较为鲜见。由于在官僚体制下，行政体制的局限性和常态化管理模式难以适应新形势下网络谣言治理的需要，因此，依靠政府单方面力量不足以带来治理成果的有效性。尹正（2015）提出推动网络谣言治理的多中心化，实现多元主体的协同合作。这与本书的策略不谋而合，在坚持政府部门和监管机构主导的原则下，应进一步增强官方与媒体间治理协作，借助民间力量实现法制性和专业性的有机结合。前述内容中提到的主体平台与外围平台对接便是对这一思想的贯彻。具体地，当 RMAP发现某类或某条具有规模性或系统性影响的社交媒体谣言后，监管机构应首先对平台进行的提示做出信息确认，再通过主体平台和外围平台间的信息交互渠道，对各路财经媒体进行定向信息反馈，财经媒体在获悉谣言内容后，可对自身发布端所涉社交媒体谣言进行排查和追溯，对于发帖异常的谣言主体以及疑似网络水军等谣言主体应予以技术确认并及时屏蔽，确认结果须及时反馈至监管机构。依据有关监管法规，情节较为严重的应诉诸法律程序，情节较为轻微的可采取行政处罚和批评教育相结合的方式。同时，为增强网民信息发布的主体责任意识，在条件成熟的情况下，可推行财经媒体平台用户的实名注册制，进一步解决社交媒体谣言治理过程中的举证难问题。

7.2.2　上市公司的应用与决策参考

上市公司作为受证券市场社交媒体谣言直接影响的主体，其在社交媒体谣言应对方面通常具有明显的被动性和滞后性，容易因应对不当导致股价波动和公司声誉受损。对事关自身的社交媒体谣言及时有效做出反应，无论是对于稳定上市公司股价，保护投资者利益，还是维护市场的局部稳定性都具有十分重要的意义。

1. 借助平台优势降低辟谣成本

上市公司在应对社交媒体谣言上的被动和滞后与辟谣成本过高密不可分，RMAP 的应用较大程度解决了上市公司以往因谣言信息量巨大、信息源分散、信息提炼困难等因素带来的高额辟谣成本。上市公司首先应当建立完善的内控机制和声誉风险应对体系，增设专业部门或指定内设机构负责社交媒体谣言应对工作，加强与监测分析平台的日常工作对接。通过社交媒体谣言信息盯住机制和平台运算结果的分析汇总，及时发现公司所处的舆论环境和提交的解决方案。其次应通过不断地分析总结，形成应对各类社交媒体谣言的成熟策略，提升重大谣言发生时的响应速度和决策水平。第三，可根据需要在行业属性相同或相近的上市公司中组建非正式的社交媒体谣言应对联合体，对社交媒体谣言分析应对策略和经验进行信息交换，提升社交媒体谣言应对的团结性和整体效力，降低单方面谣言应对过程中面临的公关经验不足、应对成本投入过高等无形成本。

2. 实现对平台权威性的有效利用

2021年，中国证监会对《上市公司信息披露管理办法》进行了修订（见附录），大幅提高了信息披露的违法违规成本，明确规定媒体应当客观、真实地报道涉及上市公司的情况，发挥舆论监督作用。任何单位和个人不得提供、传播虚假或者误导投资者的上市公司信息。2021年修订的《上市公司信息披露管理办法》将近年来中国证监会信息披露监管中的成熟制度、经验上升到规章层面，夯实了信息披露监管的制度基础。

我国证券市场上市公司信息披露机制历来饱受诟病，其中非常重要的原因是信息披露不及时、不完整、公信力较差等。RMAP是监管机构主导下的非营利性公共平台，其行政强制性和程序规范性可为上市公司谣言澄清提供较强的增信作用。上市公司可充分利用平台的权威性，在监管机构指导下提供及时、全面的信息披露，为股票价值投资注入更加全面的真实信息。具体操作上，一是保证披露信息的真实性。其中需要明确董事会、监事会及高级管理人员和各部门的保密原则，防止网络谣言从公司内部产生。同时还应建立健全年报、半年报等定期报告和临时报告的信息披露制度，形成信息的草拟、审批和发布流程，此外还应发挥律师事务所和会计师事务所的中介机构的监督审核作用，促进信息及时、准确披露。二是依托重要信息的监管审核和确认的权威性。针对可能带来较大影响力的谣言事件，上市公司除提供各类澄清说明和依据外，可依托监管机构对其真实性查验的确认结果为谣言澄清提供更高可信度。由于监管机构和上市公司均为RMAP主体，上市公司辟谣信息的完整性、准确性和及时性可在较大程度上受到监管层实时关注，信息具有权威性保障，较以往澄清渠道更能增加曝光可信度。

7.2.3　中介机构的应用与决策参考

本书的中介机构是指从事证券经纪、承销代理和登记结算等业务的证券公司、基金公司、信托公司及部分商业银行和保险公司等金融机构。此类机构作为连接上市公司和投资者的桥梁，接收信息的时效性一般会优于普通中小投资者，但中介机构特殊的角色定位也导致其容易成为社交媒体谣言的重要发源地。因此，通过 RMAP 对中介机构行为进行规范和强化监管政策执行尤为重要。

1. 发挥中介机构信息桥梁作用

中介机构作为证券市场参与主体之一，起着联系上市公司和投资者的中介桥梁作用，其本身对市场信息的把握具有先天优势。鉴于我国中小投资者较多，整体投资专业性较低，风险意识不强等特点，中介机构应充分利用 RMAP 的实时信息，进一步完善专业化分析水平，强化投资者对社交媒体谣言的防范意识，根据监管机构要求并结合中介服务职能做好投资者正面引导和宣传教育。与此同时，中介机构应站在投资者角度，利用平台向监管机构反馈投资者在社交媒体谣言传播过程中的现实状况，代表投资者就普遍关注的谣言信息问题向上市公司补充求证。

2. 自觉遵守监管法规并配合实施社交媒体谣言治理

首先，中介机构作为信息优势主体，应该自觉遵守证券市场监管法规，坚持不信谣、不传谣，防止利用自身公信力进行不当信息传播或开展恶性竞争。严禁通过中介机构官方网站、微信公众号、投资经纪人的投资意见等向投资者输送不实信息，影响投资者情绪和误导投资者。其次，中介机构应结合实务中关于网络谣言防治的探索和经验为监管法规的制定完善提供案例或依据，协助维护市场的公平正义。第三，中介机构应积极配合监管机构出台的有关法规政策，做好社交媒体谣言防治工作，协助监管法规在 RMAP 或其他环境下的宣传与推广。

3. 及时澄清相关谣言信息

首先，中介机构应结合监测分析平台提示对涉及自身的网络谣言信息进行澄清，加强对历史谣言信息的搜集整理，注重发挥证券业协会及其他中介机构自律性组织的协调作用，推动形成全行业应对社交媒体谣言的基本范式。其次，从社会责任角度考虑，针对初期未纳入社交媒体谣言监测分析主体平台，但与投资者公共利益和风险防范有关的其他局部性或区域性社交媒体谣言信息，应肩负搜集和澄清披露责任。

7.2.4 投资者的应用与决策参考

这里的投资者指参与证券市场投资的机构投资者和个人投资者。由于我国证券市场还未达到强势有效状态，根据上一章研究显示，海量的社交媒体谣言会导致投资者对有效信息的"注意力分散"，甚至"注意力缺失"，使价格对信息的反应出现扭曲，在市场中时常因为信息不对称而导致自身利益受损。借助 RMAP，投资者能较好地增强自我防范意识，做出理性投资决策，而不是沉没在似是而非的谣言信息里盲目跟风。

1. 充分利用平台信息集成化优势

相较以往零散和难以辨别的信息获取方式，RMAP 为投资者提供了高度集中的澄清信息了解渠道。在此平台上，投资者无需四处求证就可以了解到来自监管机构、上市公司和中介机构的谣言澄清信息，也可通过外围平台的财经媒体客户端进行讨论交流。投资者应通过实名认证的方式加入监测分析平台。在功能运用方面，投资者可以添加自选标的，平台根据投资者的自选标的通过系统自动筛选和辨识功能，有针对性地将关注信息定向推送给投资者，达到及时了解上市公司社交媒体谣言的目的。为防止被澄清的谣言信息通过投资者"群体学习"的方式再度发酵，衍生出新的谣言，平台中不考虑搭建论坛专区，避免投资者对澄清信息的再次解读，影响监测分析平台信息环境的纯净性。

2. 发挥投资辅助和风险规避作用

首先，投资者可通过对解禁谣言数据库进行访问和归纳总结，了解不同谣言信息的表现形式、对股价的影响，发现其中的规律，根据道氏理论的"历史会重演"分析，前瞻性地采取相关投资策略，进而规避谣言风险、实现预期收益。其次，有条件的个人投资者或机构投资者还可借助监测分析平台中的网络谣言数据库的谣言分类功能，系统性地分析单只股票社交媒体谣言的内容、出处、关注度、时间等基本信息，结合股票走势，对因社交媒体谣言带来的投资标的在价格趋势、波动幅度、换手率、收益率等方面影响进行典型分析，总结出历史规律，形成有价值的案例指导和中长期投资策略。

3. 构建社交媒体谣言治理中的德治意识

相较于社交媒体谣言监管中的法制建设，对于作为社会公众的投资者来说应更加强调德治意识构建。投资者本身的市场主体身份决定了其在社交媒体谣言治理中的责任主体地位。投资者应自觉树立良好的道德责任感，积极参与到谣言治理和公共教育中去，净化证券投资信息环境。证券市场的投资者构成具有复杂性，其中有遵纪守法的投资者，也有造谣和传谣的投机者。投资者应积极利用 RMAP，将其作为认识谣言信息的有益辅助，增强自身明辨网络谣言的能力，做到不信谣、不传谣，同时也应作为义务宣传员，在投资圈传播正确的投资信息获取和分享观念，不跟风、不炒作，实现真正的价值投资，以此放大个体认知对他人的影响力和感召力，并经由投资者间的相互联系和相互传递，提升证券市场投资者的整体道德观念，扼杀社交媒体谣言的公众基础。投机者则应清醒认识到当今社交媒体谣言监测手段的先进性，对 RMAP 善加利用，而不是寻漏洞、钻空子，妄图从中渔利。投机者应转变观念，加强对社交媒体谣言监管法规的了解和认识，对恶意散布谣言可能带来的法律制裁心存敬畏，转变市场投机和恶意炒作理念，检举那些恶意散布谣言者，构建良好的证券投资伦理，让社交媒体谣言德治深入人心，走真正的价值投资道路。

7.3　本章小结

本章通过对本书研究结论和成果的运用，创新性地提出构建 RMAP 这一设想。通过平台的技术运用，预期能够实现对现有主流财经媒体网络谣言信息的监测和抓爬、文本挖掘、谣言辨识、情感分析、模型预测及辟谣提示等功能。监管机构、中介机构、上市公司和投资者各用户分支，可根据需要获取相应的用户功能。通过联合外围平台中的财经媒体，也能在很大程度上增强社交媒体谣言治理的主动性。首先，监管机构可借此综观市场中社交媒体谣言形势及其可能形成的系统性影响力，从而采取更为及时的风险预警和干预措施；其次，中介机构可借助平台反馈结果更好发挥有效市场信息传播的润滑作用，优化投资者服务水平；再次，上市公司可利用平台权威性降低谣言应对成本，提升应对社交媒体谣言时的响应速率，维护股价稳定性；最后，作为投资者可凭借平台优势获取正确的投资参考信息，形成价值投资理念，培养社交媒体谣言防治的主体责任意识。

RMAP 需要在监管机构主导下运行，以确保市场运行秩序的规范性和信息的保密性。RMAP 上线运行需要循序渐进，初期应侧重于基本框架搭建及开放性功能设计，以满足后续功能延伸需要，随着后期搭载新的功能模块和谣言数据库的不断完善，必将为各市场主体提供量化的管理建议和投资决策服务，提升我国证券市场科学化管理水平，并为市场注入全新的价值投资理念。需要指出的是，RMAP设想为本书对前述研究成果的归纳总结和借鉴现有成功范式基础上提出的一个全新概念，未经实践检验，但理论和实证的结果提示了这一概念实现的可能性。但凡具有预期价值的新鲜事物理应得到关注，这符合我国科学发展观的宏伟理念，虽然其诞生必将经历一个艰辛的过程，但值得我国证券市场管理实践者们去探索、论证与尝试。同时，也只有不断大胆尝试才能从中摸索出应对社交媒体谣言的有效手段，引导投资者理性成长，保障市场健康运行，有效防范金融风险，维护金融稳定与社会和谐。

8　研究结论与总结

本章对本书研究结论进行总结，反思并分析了研究存在的不足，展望了该领域的研究热点与方向。

8.1　研究结论

互联网已经成为影响证券市场稳定的重要"风险源"，如何基于互联网海量社交媒体信息探寻谣言对证券市场的影响，以及为投资者、上市公司、监管部门提供决策辅助，是一项既重要又紧迫的课题。现有研究主要集中在对传统新闻媒体的研究，对"小样本谣言"的研究，谣言信息的选取渠道仍偏狭窄。本书旨在基于互联网海量社交媒体谣言信息对证券市场的影响，以更为宽泛，更为符合现实的研究样本进行研究，提出了"网络财经谣言指数"（IFFRI），借助 IFFRI 开展社交媒体谣言对证券市场影响的实证研究，探索性地提出以搭建"财经网络谣言监测分析平台"（RMAP）及应用为基础，在社交媒体谣言环境下证券市场各方的角度进行策略分析，摸索了治理证券市场社交媒体谣言的新思路。具体成果包括如下几个方面。

8.1.1　搜存了海量互联网财经社交媒体信息

随着互联网技术与多学科交叉融合程度的加深，越来越多的研究者采用基于社交媒体海量样本研究媒体对证券市场的影响，而搜集保存互联网财经社交媒体信息是开展此项研究的基础。本书通过编写的定向网络抓爬器，收集抓取东方财富网股吧坛信息（截至 2016 年 12 月 14 日），共计 3780 万条，解决了针对海量网络论坛文本信息的抓爬难题。该数据库可以作为中国证券市场社交媒体信息的重要数据库。

8.1.2　实现了社交媒体谣言的自动辨识

本书构造了谣言的特征向量集，即发帖者特征、发帖内容特征等；通过训练和测试样本对分类模型和特征集合进行评估，选择高效的分类模型和具有代表性的特征向量组合；利用训练好的特征向量集和分类模型进行了大规模的面向财经社交媒体信息的检测。本书尝试利用机器学习（ML）分类系统，从互联网海量论坛数据中自动提取有关"网络谣言"的分类规则，导出 SVM 自动文本分类器，与传统的知识工程分类系统相比，可以大大缓解知识获取与知识表示的问题。首次实现了对网络论坛谣言的自动辨识，效果显著，具有重要实践意义，为后续研究网络谣言与证券市场的关联关系提供了前提和基础，使大规模系统性分析网络谣言对证券市场的影响成为可能。同时，社交媒体形式多样，包含财经论坛、财经新闻、博客等，本研究也为不同形式社交媒体蕴含的谣言对投资者的影响是否不同，哪些反映过度、哪些反映不足提供了重要的研究基础与参考。

8.1.3 构造了网络财经谣言指数 IFFRI

本书依据统计学指数构造原理，通过 AR、MC 以及 SP 三者的有机结合，构造了 IFFRI 指数，客观综合地反映了"社交媒体谣言"这一现象的总体变动程度和方向，较已有的仅基于谣言计数的研究方法有了显著改进，更为真实地刻画了我国证券市场投资者在社交媒体谣言作用下的情绪特征及对证券市场的潜在影响趋势。

8.1.4 通过计量经济学建模分析得出了实证结论

本书根据经典的计量经济学模型，通过 VAR 模型建模分析得出社交媒体谣言对证券市场收益率总体存在影响，牛市显著于熊市，可以将社交媒体谣言视为证券市场收益率的系统性影响因素。同时，社交媒体谣言对证券市场收益率存在提前和滞后影响，社交媒体谣言对证券市场收益率的冲击方向和时段，在牛熊市中存在差异，解释了不同市场时期，社交媒体谣言对证券市场收益率具有不同的冲击效应；通过 GARCH 模型建模分析得出社交媒体谣言对证券市场波动率存在影响，牛熊市的表现有所不同，冲击方向也不尽相同。通过不同角度的实证，验证了网络谣言通过"社交媒体谣言—投资者情绪—证券市场波动—金融风险"主线具有传导与放大的效应。

8.1.5 提出了基于社交媒体谣言的证券市场方的政策建议

社交媒体谣言在"羊群效应"的助推下，作为重要的外生性金融风险，极有可能引发投资者信心崩溃，金融风险进一步扩

大,不仅破坏金融系统本身,最终可能形成社会动荡。本书基于
社交媒体谣言自动辨识、量化社交媒体谣言的 IFFRI 指数以及
计量经济学建模分析结论,探索性地提出了以此为基础的"财经
网络谣言监测分析平台"(RMAP),从不同视角给出了供证券市
场各方(投资者、上市公司、中介机构以及监管机构)辅助决策
建议,为社交媒体谣言影响下中国证券市场的稳定和繁荣做出了
有益尝试与摸索。

8.2 研究总结

8.2.1 存在不存

本书存在以下不足。

1. 研究观察期不够长

本书样本容量还不够长。从统计学原理的要求来看,实证中
的回归分析是从已发生的数据中找寻规律,而对于样本数据的大
小具有较强的依赖性。本书通过爬虫程序抓爬东方财富网股吧现
存全部论坛信息后,发现 2014 年及其以前(以及 2017、2018
年)的信息,不同程度存在缺损与瑕疵,基于研究的严密性,仅
选择了数据完整的 2015 年和 2016 年作为研究观察期。这也从另
一方面说明,互联网海量数据由于数据量的庞大,网站方会主动
删除历史数据,要开展基于互联网海量社交媒体数据的研究,要
及时获取信息并予以保存。

2. 数据来源还不够丰富

本书选取了东方财富网作为社交媒体谣言自动辨识的基础数
据库,尽管东方财富网的用户量、规模、知名度、影响力在我国

财经门户网站处于领先地位，但是不同的网站具有各自的特点及属性，应将更多的财经论坛，以及非财经论坛一并纳入其中作为基础数据，甄别来自不同领域的关于证券市场的网络谣言，以便更为全面地考察互联网社交媒体的谣言信息。

3. 情感词库分类略显简单

本书基于 Q. Li et. al.（2014a）的《中文财经情感词库》，采用 SVM 方法对谣言情感极性进行了分类，仅将其简单地分为积极谣言与消极谣言两个维度。纵观国内外研究，几乎都很一致地将媒体信息或谣言信息分为乐观与悲观、利好与利坏、积极与消极等两类情感极性。尽管人的心理情绪具有多样性，但对于证券市场最为关注的无外乎其涨或跌的程度、赢或亏的结果，这也较为符合人的本性特征。

4. 仅研究了社交媒体谣言对证券市场的短期影响

基于谣言对证券市场的短期效应，本书仅对 $[t-5, t+5]$ 期间的社交媒体谣言信息进行了研究。由于网络谣言具有典型的"新闻性"特征，常把网络谣言看作"即兴新闻"（周裕琼，2012），但是网络谣言的"新闻效应"影响时效到底有多长，还没有一个统一的结论。何欣（2010）基于事件研究法研究了中国股市谣言对证券市场的异常收益率的影响，发现也仅存在短期效应。社交媒体谣言对作证券市场是否存在中长期影响，有必要进一步研究分析。

8.2.2 改进与展望

本节分别介绍针对不足的改进、未来研究的趋势展望。

1. 针对不足的改进

第一，搜集时间区间更长的有效数据，作为"社交媒体谣言—投资者情绪—证券市场波动—金融风险"研究主线中的重要基础，以更长时段的数据研究社交媒体谣言对证券市场影响，找寻其更为准确的内在联系。

第二，搜集不同领域的论坛信息。不仅搜集主流的财经论坛信息，还应将一些媒体界主要的非财经论坛作为信息抓爬的对象，将社交媒体谣言的自动辨识范围不断扩大，丰富社交媒体谣言的来源，更为全面地认识社交媒体谣言及其对证券市场的影响。

第三，拓展中文财经情感词库。Wundt（1896）提出了愉快与不愉快、激动与平静、紧张与松弛的三维情绪理论，Izard（1977）提出了愉快度、紧张度、激动度和确信度的四维情绪理论。对于进一步提升社交媒体谣言辨识度的重要前提，中文财经情感词库需要进行不断优化和拓展。

第四，加大社交媒体谣言对证券市场影响的中长期效应研究。尽管从社会学角度认为，社交媒体谣言具有"替代性新闻"的特征，但是也要防备社交媒体谣言"屡传屡新"的可能，传谣者不断通过多种形式吸引阅读者眼球，以达获利之目的。因此，对于社交媒体谣言对证券市场的中长期影响值得进一步关注与探讨。

2. 对未来趋势的展望

第一，谣言信息对证券市场的联动与叠加效应研究。

目前的研究主要关注社交媒体谣言对上市公司一对一的影响，或者对整个证券市场的影响，并未涉及社交媒体谣言与上市公司一对多、多对一以及多对多的影响情况。因此，可创新性地利用上市公司在互联网媒体中的行为特征，构建企业媒体关系网络，通过对该网络拓扑特征的分析，研究单一社交媒体谣言对相关公司的联动影响，以及多个媒体谣言发布时对交集公司的叠加影响。

第二，网络水军对证券市场的影响研究。

网络水军是一群特殊的群体（或者是自动程序），由庄家操纵，在一段时间内故意制造或传播特定信息，待市场价格波动朝着庄家有利的方向运动时就手中仓位进行处理。网络水军不仅使得中小投资者蒙受损失，还极大损害了资本市场的资源配置效率。目前，网络水军的研究主要集中在电子商务和一般社交网络，并未涉及证券市场领域的社会网络。针对社会网络环境下网络水军盛行的情况，通过综合运用各种情景因素的网络水军自动识别技术，全面梳理我国互联网媒体网络水军的现状，以及分析其对证券市场的冲击，具有开创性研究的意义。

第三，运用张量预测模型捕捉社交媒体谣言与证券市场的复杂关联。

在社会网络环境下，各种信息交互影响、共同作用导致了证券市场的波动。计量经济学模型方法中的媒体信息标量化处理还是略显简单，忽略了一些重要的媒体信息，尤其是不同种类信息的交互作用。运用张量理论来表达信息空间，将不同维度的信息和它们之间的相互关系记录下来，并研发基于张量的机器学习算法，解决多因素交互作用对证券市场的影响分析，用来捕捉网络谣言与证券市场局部复杂细微的影响模式，深度研究分析网络谣言对证券市场的作用机制，将是研究的方向之一。

第四，社交媒体谣言公众情绪挖掘技术创新。

针对社交媒体谣言发布大众化的特点，基于图论的公众情绪挖掘技术，用于从散乱、高噪音讨论信息中捕捉主导性言论的情绪倾向，为研究社会网络环境下投资者情绪认知偏差具有重要的意义，也是未来研究热点之一。

附录 上市公司信息披露管理办法（2021 年修订）

第一章 总则

第一条 为了规范上市公司及其他信息披露义务人的信息披露行为，加强信息披露事务管理，保护投资者合法权益，根据《中华人民共和国公司法》（以下简称《公司法》）、《中华人民共和国证券法》（以下简称《证券法》）等法律、行政法规，制定本办法。

第二条 信息披露义务人履行信息披露义务应当遵守本办法的规定，中国证券监督管理委员会（以下简称中国证监会）对首次公开发行股票并上市、上市公司发行证券信息披露另有规定的，从其规定。

第三条 信息披露义务人应当及时依法履行信息披露义务，披露的信息应当真实、准确、完整，简明清晰、通俗易懂，不得有虚假记载、误导性陈述或者重大遗漏。

信息披露义务人披露的信息应当同时向所有投资者披露，不得提前向任何单位和个人泄露。但是，法律、行政法规另有规定的除外。

在内幕信息依法披露前，内幕信息的知情人和非法获取内幕信息的人不得公开或者泄露该信息，不得利用该信息进行内幕交易。任何单位和个人不得非法要求信息披露义务人提供依法需要披露但尚未披露的信息。

证券及其衍生品种同时在境内境外公开发行、交易的，其信息披露义务人在境外市场披露的信息，应当同时在境内市场披露。

第四条　上市公司的董事、监事、高级管理人员应当忠实、勤勉地履行职责，保证披露信息的真实、准确、完整，信息披露及时、公平。

第五条　除依法需要披露的信息之外，信息披露义务人可以自愿披露与投资者作出价值判断和投资决策有关的信息，但不得与依法披露的信息相冲突，不得误导投资者。

信息披露义务人自愿披露的信息应当真实、准确、完整。自愿性信息披露应当遵守公平原则，保持信息披露的持续性和一致性，不得进行选择性披露。

信息披露义务人不得利用自愿披露的信息不当影响公司证券及其衍生品种交易价格，不得利用自愿性信息披露从事市场操纵等违法违规行为。

第六条　上市公司及其控股股东、实际控制人、董事、监事、高级管理人员等作出公开承诺的，应当披露。

第七条　信息披露文件包括定期报告、临时报告、招股说明书、募集说明书、上市公告书、收购报告书等。

第八条　依法披露的信息，应当在证券交易所的网站和符合中国证监会规定条件的媒体发布，同时将其置备于上市公司住所、证券交易所，供社会公众查阅。

信息披露文件的全文应当在证券交易所的网站和符合中国证监会规定条件的报刊依法开办的网站披露，定期报告、收购报告书等信息披露文件的摘要应当在证券交易所的网站和符合中国证监会规定条件的报刊披露。

信息披露义务人不得以新闻发布或者答记者问等任何形式代替应当履行的报告、公告义务，不得以定期报告形式代替应当履行的临时报告义务。

第九条 信息披露义务人应当将信息披露公告文稿和相关备查文件报送上市公司注册地证监局。

第十条 信息披露文件应当采用中文文本。同时采用外文文本的，信息披露义务人应当保证两种文本的内容一致。两种文本发生歧义时，以中文文本为准。

第十一条 中国证监会依法对信息披露文件及公告的情况、信息披露事务管理活动进行监督检查，对信息披露义务人的信息披露行为进行监督管理。

证券交易所应当对上市公司及其他信息披露义务人的信息披露行为进行监督，督促其依法及时、准确地披露信息，对证券及其衍生品种交易实行实时监控。证券交易所制定的上市规则和其他信息披露规则应当报中国证监会批准。

第二章　定期报告

第十二条 上市公司应当披露的定期报告包括年度报告、中期报告。凡是对投资者作出价值判断和投资决策有重大影响的信息，均应当披露。

年度报告中的财务会计报告应当经符合《证券法》规定的会计师事务所审计。

第十三条 年度报告应当在每个会计年度结束之日起四个月内，中期报告应当在每个会计年度的上半年结束之日起两个月内编制完成并披露。

第十四条 年度报告应当记载以下内容：

（一）公司基本情况；

（二）主要会计数据和财务指标；

（三）公司股票、债券发行及变动情况，报告期末股票、债券总额、股东总数，公司前十大股东持股情况；

（四）持股百分之五以上股东、控股股东及实际控制人情况；

（五）董事、监事、高级管理人员的任职情况、持股变动情况、年度报酬情况；

（六）董事会报告；

（七）管理层讨论与分析；

（八）报告期内重大事件及对公司的影响；

（九）财务会计报告和审计报告全文；

（十）中国证监会规定的其他事项。

第十五条 中期报告应当记载以下内容：

（一）公司基本情况；

（二）主要会计数据和财务指标；

（三）公司股票、债券发行及变动情况、股东总数、公司前十大股东持股情况，控股股东及实际控制人发生变化的情况；

（四）管理层讨论与分析；

（五）报告期内重大诉讼、仲裁等重大事件及对公司的影响；

（六）财务会计报告；

（七）中国证监会规定的其他事项。

第十六条 定期报告内容应当经上市公司董事会审议通过。未经董事会审议通过的定期报告不得披露。

公司董事、高级管理人员应当对定期报告签署书面确认意见，说明董事会的编制和审议程序是否符合法律、行政法规和中国证监会的规定，报告的内容是否能够真实、准确、完整地反映上市公司的实际情况。

监事会应当对董事会编制的定期报告进行审核并提出书面审核意见。监事应当签署书面确认意见。监事会对定期报告出具的书面审核意见，应当说明董事会的编制和审议程序是否符合法律、行政法规和中国证监会的规定，报告的内容是否能够真实、准确、完整地反映上市公司的实际情况。

董事、监事无法保证定期报告内容的真实性、准确性、完整性或者有异议的，应当在董事会或者监事会审议、审核定期报告时投反对票或者弃权票。

董事、监事和高级管理人员无法保证定期报告内容的真实性、准确性、完整性或者有异议的，应当在书面确认意见中发表意见并陈述理由，上市公司应当披露。上市公司不予披露的，董事、监事和高级管理人员可以直接申请披露。

董事、监事和高级管理人员按照前款规定发表意见，应当遵循审慎原则，其保证定期报告内容的真实性、准确性、完整性的责任不仅因发表意见而当然免除。

第十七条　上市公司预计经营业绩发生亏损或者发生大幅变动的，应当及时进行业绩预告。

第十八条　定期报告披露前出现业绩泄露，或者出现业绩传闻且公司证券及其衍生品种交易出现异常波动的，上市公司应当及时披露本报告期相关财务数据。

第十九条　定期报告中财务会计报告被出具非标准审计意见的，上市公司董事会应当针对该审计意见涉及事项作出专项说明。

定期报告中财务会计报告被出具非标准审计意见，证券交易所认为涉嫌违法的，应当提请中国证监会立案调查。

第二十条　上市公司未在规定期限内披露年度报告和中期报告的，中国证监会应当立即立案调查，证券交易所应当按照股票上市规则予以处理。

第二十一条　年度报告、中期报告的格式及编制规则，由中国证监会和证券交易所制定。

第三章　临时报告

第二十二条　发生可能对上市公司证券及其衍生品种交易价格产生较大影响的重大事件，投资者尚未得知时，上市公司应当立即披露，说明事件的起因、目前的状态和可能产生的影响。

前款所称重大事件包括：

（一）《证券法》第八十条第二款规定的重大事件；

（二）公司发生大额赔偿责任；

（三）公司计提大额资产减值准备；

（四）公司出现股东权益为负值；

（五）公司主要债务人出现资不抵债或者进入破产程序，公司对相应债权未提取足额坏账准备；

（六）新公布的法律、行政法规、规章、行业政策可能对公司产生重大影响；

（七）公司开展股权激励、回购股份、重大资产重组、资产分拆上市或者挂牌；

（八）法院裁决禁止控股股东转让其所持股份；任一股东所持公司百分之五以上股份被质押、冻结、司法拍卖、托管、设定信托或者被依法限制表决权等，或者出现被强制过户风险；

（九）主要资产被查封、扣押或者冻结；主要银行账户被冻结；

（十）上市公司预计经营业绩发生亏损或者发生大幅变动；

（十一）主要或者全部业务陷入停顿；

（十二）获得对当期损益产生重大影响的额外收益，可能对公司的资产、负债、权益或者经营成果产生重要影响；

（十三）聘任或者解聘为公司审计的会计师事务所；

（十四）会计政策、会计估计重大自主变更；

（十五）因前期已披露的信息存在差错、未按规定披露或者虚假记载，被有关机关责令改正或者经董事会决定进行更正；

（十六）公司或者其控股股东、实际控制人、董事、监事、高级管理人员受到刑事处罚，涉嫌违法违规被中国证监会立案调查或者受到中国证监会行政处罚，或者受到其他有权机关重大行政处罚；

（十七）公司的控股股东、实际控制人、董事、监事、高级管理人员涉嫌严重违纪违法或者职务犯罪被纪检监察机关采取留置措施且影响其履行职责；

（十八）除董事长或者经理外的公司其他董事、监事、高级管理人员因身体、工作安排等原因无法正常履行职责达到或者预计达到三个月以上，或者因涉嫌违法违规被有权机关采取强制措施且影响其履行职责；

（十九）中国证监会规定的其他事项。

上市公司的控股股东或者实际控制人对重大事件的发生、进展产生较大影响的，应当及时将其知悉的有关情况书面告知上市公司，并配合上市公司履行信息披露义务。

第二十三条 上市公司变更公司名称、股票简称、公司章程、注册资本、注册地址、主要办公地址和联系电话等，应当立即披露。

第二十四条 上市公司应当在最先发生的以下任一时点，及时履行重大事件的信息披露义务：

（一）董事会或者监事会就该重大事件形成决议时；

（二）有关各方就该重大事件签署意向书或者协议时；

（三）董事、监事或者高级管理人员知悉该重大事件发生时。

在前款规定的时点之前出现下列情形之一的，上市公司应当及时披露相关事项的现状、可能影响事件进展的风险因素：

（一）该重大事件难以保密；

（二）该重大事件已经泄露或者市场出现传闻；

（三）公司证券及其衍生品种出现异常交易情况。

第二十五条　上市公司披露重大事件后，已披露的重大事件出现可能对上市公司证券及其衍生品种交易价格产生较大影响的进展或者变化的，上市公司应当及时披露进展或者变化情况、可能产生的影响。

第二十六条　上市公司控股子公司发生本办法第二十二条规定的重大事件，可能对上市公司证券及其衍生品种交易价格产生较大影响的，上市公司应当履行信息披露义务。

上市公司参股公司发生可能对上市公司证券及其衍生品种交易价格产生较大影响的事件的，上市公司应当履行信息披露义务。

第二十七条　涉及上市公司的收购、合并、分立、发行股份、回购股份等行为导致上市公司股本总额、股东、实际控制人等发生重大变化的，信息披露义务人应当依法履行报告、公告义务，披露权益变动情况。

第二十八条　上市公司应当关注本公司证券及其衍生品种的异常交易情况及媒体关于本公司的报道。

证券及其衍生品种发生异常交易或者在媒体中出现的消息可能对公司证券及其衍生品种的交易产生重大影响时，上市公司应当及时向相关各方了解真实情况，必要时应当以书面方式问询。

上市公司控股股东、实际控制人及其一致行动人应当及时、准确地告知上市公司是否存在拟发生的股权转让、资产重组或者其他重大事件，并配合上市公司做好信息披露工作

第二十九条　公司证券及其衍生品种交易被中国证监会或者证券交易所认定为异常交易的，上市公司应当及时了解造成证券及其衍生品种交易异常波动的影响因素，并及时披露。

第四章　信息披露事务管理

第三十条　上市公司应当制定信息披露事务管理制度。信息披露事务管理制度应当包括：

（一）明确上市公司应当披露的信息，确定披露标准；

（二）未公开信息的传递、审核、披露流程；

（三）信息披露事务管理部门及其负责人在信息披露中的职责；

（四）董事和董事会、监事和监事会、高级管理人员等的报告、审议和披露的职责；

（五）董事、监事、高级管理人员履行职责的记录和保管制度；

（六）未公开信息的保密措施，内幕信息知情人登记管理制度，内幕信息知情人的范围和保密责任；

（七）财务管理和会计核算的内部控制及监督机制；

（八）对外发布信息的申请、审核、发布流程；与投资者、证券服务机构、媒体等的信息沟通制度；

（九）信息披露相关文件、资料的档案管理制度；

（十）涉及子公司的信息披露事务管理和报告制度；

（十一）未按规定披露信息的责任追究机制，对违反规定人员的处理措施。

上市公司信息披露事务管理制度应当经公司董事会审议通过，报注册地证监局和证券交易所备案。

第三十一条　上市公司董事、监事、高级管理人员应当勤勉尽责，关注信息披露文件的编制情况，保证定期报告、临时报告在规定期限内披露。

第三十二条　上市公司应当制定定期报告的编制、审议、披露程序。经理、财务负责人、董事会秘书等高级管理人员应当及时编制定期报告草案，提请董事会审议；董事会秘书负责送达董事审阅；董事长负责召集和主持董事会会议审议定期报告；监事会负责审核董事会编制的定期报告；董事会秘书负责组织定期报告的披露工作。

第三十三条　上市公司应当制定重大事件的报告、传递、审核、披露程序。董事、监事、高级管理人员知悉重大事件发生时，应当按照公司规定立即履行报告义务；董事长在接到报告后，应当立即向董事会报告，并敦促董事会秘书组织临时报告的披露工作。

上市公司应当制定董事、监事、高级管理人员对外发布信息的行为规范，明确非经董事会书面授权不得对外发布上市公司未披露信息的情形。

第三十四条　上市公司通过业绩说明会、分析师会议、路演、接受投资者调研等形式就公司的经营情况、财务状况及其他事件与任何单位和个人进行沟通的，不得提供内幕信息。

第三十五条　董事应当了解并持续关注公司生产经营情况、财务状况和公司已经发生的或者可能发生的重大事件及其影响，主动调查、获取决策所需要的资料。

第三十六条　监事应当对公司董事、高级管理人员履行信息披露职责的行为进行监督；关注公司信息披露情况，发现信息披露存在违法违规问题的，应当进行调查并提出处理建议。

第三十七条　高级管理人员应当及时向董事会报告有关公司经营或者财务方面出现的重大事件、已披露的事件的进展或者变化情况及其他相关信息。

第三十八条　董事会秘书负责组织和协调公司信息披露事务，汇集上市公司应予披露的信息并报告董事会，持续关注媒体对公司的报道并主动求证报道的真实情况。董事会秘书有权参加股东大会、董事会会议、监事会会议和高级管理人员相关会议，有权了解公司的财务和经营情况，查阅涉及信息披露事宜的所有文件。董事会秘书负责办理上市公司信息对外公布等相关事宜。

上市公司应当为董事会秘书履行职责提供便利条件，财务负责人应当配合董事会秘书在财务信息披露方面的相关工作。

第三十九条　上市公司的股东、实际控制人发生以下事件时，应当主动告知上市公司董事会，并配合上市公司履行信息披露义务：

（一）持有公司百分之五以上股份的股东或者实际控制人持有股份或者控制公司的情况发生较大变化，公司的实际控制人及其控制的其他企业从事与公司相同或者相似业务的情况发生较大变化；

（二）法院裁决禁止控股股东转让其所持股份，任一股东所持公司百分之五以上股份被质押、冻结、司法拍卖、托管、设定信托或者被依法限制表决权等，或者出现被强制过户风险；

（三）拟对上市公司进行重大资产或者业务重组；

（四）中国证监会规定的其他情形。

应当披露的信息依法披露前，相关信息已在媒体上传播或者公司证券及其衍生品种出现交易异常情况的，股东或者实际控制人应当及时、准确地向上市公司作出书面报告，并配合上市公司及时、准确地公告。

上市公司的股东、实际控制人不得滥用其股东权利、支配地位，不得要求上市公司向其提供内幕信息。

第四十条　上市公司向特定对象发行股票时，其控股股东、实际控制人和发行对象应当及时向上市公司提供相关信息，配合上市公司履行信息披露义务。

第四十一条　上市公司董事、监事、高级管理人员、持股百分之五以上的股东及其一致行动人、实际控制人应当及时向上市公司董事会报送上市公司关联人名单及关联关系的说明。上市公司应当履行关联交易的审议程序，并严格执行关联交易回避表决制度。交易各方不得通过隐瞒关联关系或者采取其他手段，规避上市公司的关联交易审议程序和信息披露义务。

第四十二条　通过接受委托或者信托等方式持有上市公司百分之五以上股份的股东或者实际控制人，应当及时将委托人情况告知上市公司，配合上市公司履行信息披露义务。

第四十三条　信息披露义务人应当向其聘用的证券公司、证券服务机构提供与执业相关的所有资料，并确保资料的真实、准确、完整，不得拒绝、隐匿、谎报。

证券公司、证券服务机构在为信息披露出具专项文件时，发现上市公司及其他信息披露义务人提供的材料有虚假记载、误导性陈述、重大遗漏或者其他重大违法行为的，应当要求其补充、纠正。信息披露义务人不予补充、纠正的，证券公司、证券服务机构应当及时向公司注册地证监局和证券交易所报告。

第四十四条　上市公司解聘会计师事务所的，应当在董事会决议后及时通知会计师事务所，公司股东大会就解聘会计师事务所进行表决时，应当允许会计师事务所陈述意见。股东大会作出解聘、更换会计师事务所决议的，上市公司应当在披露时说明解聘、更换的具体原因和会计师事务所的陈述意见。

第四十五条　为信息披露义务人履行信息披露义务出具专项文件的证券公司、证券服务机构及其人员，应当勤勉尽责、诚实守信，按照法律、行政法规、中国证监会规定、行业规范、业务规则等发表专业意见，保证所出具文件的真实性、准确性和完整性。

证券服务机构应当妥善保存客户委托文件、核查和验证资料、工作底稿以及与质量控制、内部管理、业务经营有关的信息和资料。证券服务机构应当配合中国证监会的监督管理，在规定的期限内提供、报送或者披露相关资料、信息，保证其提供、报送或者披露的资料、信息真实、准确、完整，不得有虚假记载、误导性陈述或者重大遗漏。

第四十六条　会计师事务所应当建立并保持有效的质量控制体系、独立性管理和投资者保护机制，秉承风险导向审计理念，遵守法律、行政法规、中国证监会的规定，严格执行注册会计师执业准则、职业道德守则及相关规定，完善鉴证程序，科学选用鉴证方法和技术，充分了解被鉴证单位及其环境，审慎关注重大错报风险，获取充分、适当的证据，合理发表鉴证结论。

第四十七条　资产评估机构应当建立并保持有效的质量控制体系、独立性管理和投资者保护机制，恪守职业道德，遵守法律、行政法规、中国证监会的规定，严格执行评估准则或者其他评估规范，恰当选择评估方法，评估中提出的假设条件应当符合实际情况，对评估对象所涉及交易、收入、支出、投资等业务的合法性、未来预测的可靠性取得充分证据，充分考虑未来各种可能性发生的概率及其影响，形成合理的评估结论。

第四十八条　任何单位和个人不得非法获取、提供、传播上市公司的内幕信息，不得利用所获取的内幕信息买卖或者建议他人买卖公司证券及其衍生品种，不得在投资价值分析报告、研究报告等文件中使用内幕信息。

第四十九条　媒体应当客观、真实地报道涉及上市公司的情况，发挥舆论监督作用。

任何单位和个人不得提供、传播虚假或者误导投资者的上市公司信息。

第五章　监督管理与法律责任

第五十条　中国证监会可以要求信息披露义务人或者其董事、监事、高级管理人员对有关信息披露问题作出解释、说明或者提供相关资料，并要求上市公司提供证券公司或者证券服务机构的专业意见。

中国证监会对证券公司和证券服务机构出具的文件的真实性、准确性、完整性有疑义的，可以要求相关机构作出解释、补充，并调阅其工作底稿。

信息披露义务人及其董事、监事、高级管理人员，证券公司和证券服务机构应当及时作出回复，并配合中国证监会的检查、调查。

第五十一条 上市公司董事、监事、高级管理人员应当对公司信息披露的真实性、准确性、完整性、及时性、公平性负责，但有充分证据表明其已经履行勤勉尽责义务的除外。

上市公司董事长、经理、董事会秘书，应当对公司临时报告信息披露的真实性、准确性、完整性、及时性、公平性承担主要责任。

上市公司董事长、经理、财务负责人应当对公司财务会计报告的真实性、准确性、完整性、及时性、公平性承担主要责任。

第五十二条 信息披露义务人及其董事、监事、高级管理人员违反本办法的，中国证监会为防范市场风险，维护市场秩序，可以采取以下监管措施：

（一）责令改正；

（二）监管谈话；

（三）出具警示函；

（四）责令公开说明；

（五）责令定期报告；

（六）责令暂停或者终止并购重组活动；

（七）依法可以采取的其他监管措施。

第五十三条 上市公司未按本办法规定制定上市公司信息披露事务管理制度的，由中国证监会责令改正；拒不改正的，给予警告并处国务院规定限额以下罚款。

第五十四条 信息披露义务人未按照《证券法》规定在规定期限内报送有关报告、履行信息披露义务，或者报送的报告、披露的信息有虚假记载、误导性陈述或者重大遗漏的，由中国证监会按照《证券法》第一百九十七条处罚。

上市公司通过隐瞒关联关系或者采取其他手段，规避信息披露、报告义务的，由中国证监会按照《证券法》第一百九十七条处罚。

第五十五条 为信息披露义务人履行信息披露义务出具专项文件的证券公司、证券服务机构及其人员，违反法律、行政法规和中国证监会规定的，中国证监会为防范市场风险，维护市场秩序，可以采取责令改正、监管谈话、出具警示函、责令公开说明、责令定期报告等监管措施；依法应当给予行政处罚的，由中国证监会依照有关规定进行处罚。

第五十六条 任何单位和个人泄露上市公司内幕信息，或者利用内幕信息买卖证券的，由中国证监会按照《证券法》第一百九十一条处罚。

第五十七条 任何单位和个人编造、传播虚假信息或者误导性信息，扰乱证券市场的；证券交易场所、证券公司、证券登记结算机构、证券服务机构及其从业人员，证券业协会、中国证监会及其工作人员，在证券交易活动中作出虚假陈述或者信息误导的；传播媒介传播上市公司信息不真实、不客观的，由中国证监会按照《证券法》第一百九十三条处罚。

第五十八条 上市公司董事、监事在董事会或者监事会审议、审核定期报告时投赞成票，又在定期报告披露时表示无法保证定期报告内容的真实性、准确性、完整性或者有异议的，中国证监会可以对相关人员给予警告并处国务院规定限额以下罚款；情节严重的，可以对有关责任人员采取证券市场禁入的措施。

第五十九条 利用新闻报道以及其他传播方式对上市公司进

行敲诈勒索的，由中国证监会责令改正，并向有关部门发出监管建议函，由有关部门依法追究法律责任。

第六十条 信息披露义务人违反本办法的规定，情节严重的，中国证监会可以对有关责任人员采取证券市场禁入的措施。

第六十一条 违反本办法，涉嫌犯罪的，依法移送司法机关追究刑事责任。

第六章　附则

第六十二条 本办法下列用语的含义：

（一）为信息披露义务人履行信息披露义务出具专项文件的证券公司、证券服务机构，是指为证券发行、上市、交易等证券业务活动制作、出具保荐书、审计报告、资产评估报告、估值报告、法律意见书、财务顾问报告、资信评级报告等文件的证券公司、会计师事务所、资产评估机构、律师事务所、财务顾问机构、资信评级机构等。

（二）信息披露义务人，是指上市公司及其董事、监事、高级管理人员、股东、实际控制人，收购人，重大资产重组、再融资、重大交易有关各方等自然人、单位及其相关人员，破产管理人及其成员，以及法律、行政法规和中国证监会规定的其他承担信息披露义务的主体。

（三）及时，是指自起算日起或者触及披露时点的两个交易日内。

（四）上市公司的关联交易，是指上市公司或者其控股子公司与上市公司关联人之间发生的转移资源或者义务的事项。

关联人包括关联法人（或者其他组织）和关联自然人。

具有以下情形之一的法人（或者其他组织），为上市公司的关联法人（或者其他组织）：

1. 直接或者间接地控制上市公司的法人（或者其他组织）；

2. 由前项所述法人（或者其他组织）直接或者间接控制的除上市公司及其控股子公司以外的法人（或者其他组织）；

3. 关联自然人直接或者间接控制的，或者担任董事、高级管理人员的，除上市公司及其控股子公司以外的法人（或者其他组织）；

4. 持有上市公司百分之五以上股份的法人（或者其他组织）及其一致行动人；

5. 在过去十二个月内或者根据相关协议安排在未来十二月内，存在上述情形之一的；

6. 中国证监会、证券交易所或者上市公司根据实质重于形式的原则认定的其他与上市公司有特殊关系，可能或者已经造成上市公司对其利益倾斜的法人（或者其他组织）。

具有以下情形之一的自然人，为上市公司的关联自然人：

1. 直接或者间接持有上市公司百分之五以上股份的自然人；

2. 上市公司董事、监事及高级管理人员；

3. 直接或者间接地控制上市公司的法人的董事、监事及高级管理人员；

4. 上述第1、2项所述人士的关系密切的家庭成员，包括配偶、父母、年满十八周岁的子女及其配偶、兄弟姐妹及其配偶，配偶的父母、兄弟姐妹，子女配偶的父母；

5. 在过去十二个月内或者根据相关协议安排在未来十二个月内，存在上述情形之一的；

6. 中国证监会、证券交易所或者上市公司根据实质重于形式的原则认定的其他与上市公司有特殊关系，可能或者已经造成上市公司对其利益倾斜的自然人。

第六十三条 中国证监会可以对金融、房地产等特定行业上市公司的信息披露作出特别规定。

第六十四条 境外企业在境内发行股票或者存托凭证并上市

的，依照本办法履行信息披露义务。法律、行政法规或者中国证监会另有规定的，从其规定。

第六十五条　本办法自 2021 年 5 月 1 日起施行。2007 年 1 月 30 日发布的《上市公司信息披露管理办法》（证监会令第 40 号）、2016 年 12 月 9 日发布的《公开发行证券的公司信息披露编报规则第 13 号——季度报告的内容与格式》（证监会公告〔2016〕33 号）同时废止。

参考文献

中文类：

[1] 蔡盈洲. 数字新媒体环境下突发性群体事件的谣言传播研究 [M]. 南昌：江西人民出版社，2014.

[2] 陈才扣，宋枫溪，杨静宇，等. 基于图像矩阵的非线性不相关鉴别特征抽取技术 [J]. 数据采集与处理，2006（6）：119－123.

[3] 陈茜，连婉琳. 基于文本挖掘技术的互联网股票新闻的情感分类 [J]. 中国市场，2015（24）：234－235.

[4] 程昆，刘仁和. 投资者情绪与股市的互动研究 [J]. 上海经济研究，2005（11）：86－93.

[5] 崔亮. 投资者情绪的统计测评及其应用研究 [D]. 成都：西南财经大学，2013.

[6] 风丽洲. 文本分类关键技术及应用研究 [D]. 长春：吉林大学，2015.

[7] 傅佑全. 中国股票交易非理性投资与股市断崖式暴跌现象探析 [J]. 内江师范学院学报，2015（7）：29－32.

[8] 郭小安. 当代中国网络谣言的社会心理研究 [M]. 北京：中国社会科学出版社，2015.

［9］郭小文. 基于互联网金融文本挖掘的投资者情绪与股票市场互动研究［D］. 成都：西南交通大学，2012.

［10］韩立岩，伍燕然. 投资者情绪与 IPOs 之谜——抑价或者溢价［J］. 管理世界，2007（3）：51—61.

［11］何洁婧. 我国股市谣言澄清的市场反应研究［D］. 杭州：浙江大学，2015.

［12］何欣. 中国股市媒体效应研究：官方新闻、市场谣言与有限注意力［D］. 成都：西南财经大学，2012.

［13］侯汉清. 分类法的发展趋势简论［J］. 情报科学，1981（1）：58—63.

［14］花贵如，刘志远，许骞. 投资者情绪、企业投资者行为与资源配置效率［J］. 会计研究，2010（10）：49—55.

［15］黄宏斌. 投资者情绪、信贷融资与企业投资［M］. 北京：经济科学出版社，2015.

［16］黄世达，王镇. 投资者情绪对资产价格的影响分析——基于中国股票市场的实证研究［J］. 价格理论与实践，2015（11）：109—111.

［17］贾举. 网络集群行为研究［D］. 西安：陕西师范大学，2010.

［18］蒋玉梅，王明照. 投资者情绪与股票收益：总体效应与横截面效应的实证研究［J］. 南开管理评论，2010（3）：150—160.

［19］卡普费雷. 谣言——世界最古老的传媒［M］. 郑若麟，译. 上海：上海人民出版社，2008.

［20］李培功，沈艺峰. 媒体的公司治理作用：中国的经验证据［J］. 经济研究，2010（4）：14—27.

［21］李培. 基于依存关系分析的网络评论极性分类研究［J］. 计算机工程与应用，2010（11）：138—141.

[22] 李晓黎, 刘继敏, 史忠植. 概念推理网机器在文本分类中的应用 [J]. 计算机研究与发展, 2000, 37 (9): 1032-1038.

[23] 李心丹, 王冀宁, 傅浩. 中国个体证券投资者交易行为的实证研究 [J]. 经济研究, 2002 (11): 54-63.

[24] 林百宏. 中国投资者情绪指数的度量及其对股市收益的影响分析 [D]. 厦门: 厦门大学, 2008.

[25] 林斌. 基于语义技术的中文信息情感分析方法研究 [D]. 哈尔滨: 哈尔滨工业大学, 2007.

[26] 林清泉, 赵文荣. 投资者情绪与股票市场波动: 基于隐性情绪指数视角 [M]. 北京: 中国人民大学出版社, 2012.

[27] 林振兴. 网络讨论、投资者情绪与 IPO 抑价 [J]. 山西财经大学学报, 2011 (2): 23-29.

[28] 刘瑞, 陈收. 中国市场管理者短视、投资者情绪与公司投资行为扭曲研究 [J]. 中国管理科学, 2006 (2): 16-23.

[29] 陆江川, 陈军. 投资者情绪对股票横截面收益的非对称影响研究 [J]. 预测, 2012 (5): 52-63.

[30] 马经. 金融监管新课题: 外生性金融风险 [J]. 中国金融, 2003 (4): 10-11.

[31] 马凌. 风险社会中的谣言风险及对策 [J]. 浙江工商大学学报, 2010 (1): 44-48.

[32] 孟雪井, 孟祥兰, 胡杨洋. 基于文本挖掘和百度指数的投资者情绪指数研究 [J]. 宏观经济研究, 2016 (1): 144-153.

[33] 彭聃龄. 普通心理学 [M]. 北京: 北京师范大学出版社, 2012.

[34] 饶育蕾, 刘达锋. 行为金融学 [M]. 上海: 上海财经大学出版社, 2003.

[35] 饶育蕾，彭叠峰，成大超. 媒体注意力会引起股票的异常收益吗？——来自中国股票市场的经验证据 [J]. 系统工程理论与实践，2010（2）：287-297.

[36] 桑斯坦. 信息与知识传播 [M]. 黄维明，译. 上海：上海人民出版社，2003.

[37] 宋枫溪. 自动文本分类若干基本问题研究 [D]. 南京：南京理工大学，2004.

[38] 苏金树，张博锋，徐昕. 基于机器学习的文本分类技术研究进展 [J]. 软件学报，2006，17（9）：1848-1859.

[39] 苏伟峰，李绍滋，李堂秋. 一个基于概念的中文文本分类模型 [J]. 计算机工程与应用，2002（6）：193-195.

[40] 隋悦鹏. 谣言对股票价格影响的实证研究 [D]. 哈尔滨：哈尔滨工业大学，2015.

[41] 唐慧丰，谭松波，程学旗. 基于监督学习的中文情感分类技术比较研究 [J]. 中文信息学报，2007（6）：88-94.

[42] 汪昌云，武佳薇. 媒体语气、投资者情绪与 IPO 定价 [J]. 金融研究，2015（9）：174-188.

[43] 汪伟全. 试析投资者心理对股票价格的影响 [J]. 价格理论与实践，2007（5）：59-60.

[44] 王美今，孙建军. 中国股市收益、收益波动与投资者情绪 [J]. 经济研究，2004（10）：75-83.

[45] 王铁军. 媒体对证券市场的影响研究：基于大数据视角 [D]. 成都：西南财经大学，2016.

[46] 王永忠. 突发事件下论坛回帖行为模式的实证研究——基于中华网论坛 [J]. 无线互联科技，2016（1）：114-117.

[47] 王镇，郝刚. 投资者情绪指数的构建研究——基于偏最小二乘法 [J]. 金融理论与研究，2014（7）：1-6.

[48] 吴军，王作英. 汉语语料的自动分类 [J]. 中文信息学报，

1995，9（4）：25－32.

[49] 肖明. 科技信息资源自动标引的理论与实践研究［D］，北京：中国科学院，2001.

[50] 徐伟，李韵喆. 行业与个股新闻对股票价格影响的定量分析［J］. 财经界（学术版），2015（20）：31－32.

[51] 易洪波，赖娟娟，董大勇. 网络论坛不同投资者情绪对交易市场的影响——基于 VAR 模型的实证分析［J］. 财经论丛，2015（1）：46－54.

[52] 易志高，茅宁. 投资者情绪测量实证研究：CICSI 的构建［J］. 金融研究，2009（11）：174－184.

[53] 尹海员，王盼盼. 媒体报道、市场收益与投资者情绪［J］. 软科学，2015，29（7）：136－144.

[54] 游家兴，吴静. 沉默的螺旋：媒体情绪与资产误定价［J］. 经济研究，2012（7）：141－151.

[55] 詹姆斯·格雷克. 信息简史［M］. 高博，译. 北京：人民邮电出版社，2011.

[56] 张丹，廖士光. 中国证券市场投资者情绪研究［J］. 证券市场导报，2013（6）：44－48.

[57] 张戈，王美今. 投资者情绪与中国上市公司实际投资［J］. 南方经济，2007（3）：3－14.

[58] 赵静梅，何欣，吴风云. 中国股市谣言研究：传谣、辟谣及其对股价的冲击［J］. 管理世界，2010（11）：38－51.

[59] 赵来军. 谣言传播规律与突发事件应对策略研究［M］. 北京：科学出版社，2016.

[60] 赵永亮. 天涯论坛视点 2.0——基于天涯论坛的网络舆情分析系统［D］. 北京：中国科学院，2015.

[61] 周裕琼. 当代中国社会的网络谣言研究［M］. 北京：商务印书馆，2012.

［62］朱兰娟. 中文文献自动分类的理论与实践 ［J］. 情报科学，
　　　1987 (6)：433－437.

［63］祝宇. 网络信息对于股票市场的影响 ［D］. 杭州：浙江大
　　　学，2013.

［64］宗成庆. 统计自然语言处理 ［M］. 北京：清华大学出版
　　　社，2013.

［65］邹涛，王继成，黄源，等. 中文文档自动分类系统的设计
　　　与实现 ［J］. 中文信息学报，1999，13 (3)：27－33.

英文类：

［1］Akerlof G A, Yellen J L. A near－rational model of the
　　business cycle with wage and price inertia［J］. Quarterly
　　Journal of Economics,1985,100(5)：823－838.

［2］Alanyali M, Moat H S, Preis T. Quantifying the relationship
　　between financial news and the stock market［J］. Scientific
　　Reports,2013(3)：1－6.

［3］Albuquerque R, Vega C. Economic news and international
　　stock market co－movement［J］. Review of Finance, 2009, 13
　　(3)：401－465.

［4］Antonios S, Evangelos V. Investor sentiment and bidder
　　announcement abnormal returns［J］. Journal of Corporate
　　Finance,2015,33(3)：164－179.

［5］Antweiler W, Frank, M Z. Is all that just noise? The
　　information content of Internet stork message boards［J］.
　　Journal of Finance,2004,59(3)：1259－1294.

［6］Arindam B. Measuring investor sentiment in equity markets
　　［J］.Journal of Asset Management,2005,7(3)：208－215.

[7] Baker M, Wurgler J. Investor sentiment and the cross — section of stock returns[J]. Journal of Finance, 2006, 61(4): 1645—1680.

[8] Baker M, Wurlger J. A catering theory of dividend[J]. Journal of Finance, 1959(1): 1125—1165.

[9] Baker M, Wurlger J. Investor sentiment and the cross — section of stock returns[J]. Journal of Finance, 2006, 8(4): 1645—1680.

[10] Baker M, Stein J. Market liquidity as a sentiment indicator [J]. Journal of Financial Markets, 2004(7): 271—299.

[11] Baker Malcolm. Capital market driven corporate finance[J]. Annual Review of Financial Economics, 2009, 20 (1): 181—205.

[12] Barber B. M, Loeffler D. The dartboard column: Second — hand information and price pressure[J]. Journal of Financial and Quantitative Analysis, 1993, 18(2): 273—284.

[13] Barberis N, Shleifer A, Vishny R. A model of investor sentiment[J]. Journal of Financial Economics, 1998 (49): 307—343.

[14] Berners Lee T, Hall W, Hendler J, et al. Creating a science of the web[J]. Science, 2006, 313(5788): 769—771.

[15] Bernstein R, Pradhuman S D. A major change in our work ii, sell side indicator gives a buy signal [J]. Merrill Lynch Quantitative Viewpoint, 1994(20): 1—4.

[16] Birz G, Lott J R. The effect of macroeconomic news on stock returns: New evidence from newspaper coverage[J]. Journal of Banking & Finance, 2011, 35(11): 2791—2800.

[17] Black F. Noise[J]. Journal of Finance, 1986(41): 529—543.

[18]Bodia P, DiFonzo N. Problem solving in social interacting on the internet: Rumor as social cognition [J]. Social Psychology Quarterly, 2004, 67(1): 33-39.

[19]Bollen J, Mao H, Zeng X J. Twitter mood predicts the stock market[J]. Journal of Computation Science, 2011, 2 (1): 1-8.

[20]Bollen J, Mao H, Zeng X. Twitter mood predicts the stock market [J]. Journal of Computational Science, 2011, 2 (1): 1-8.

[21]Brown C W, Cliff M T. Investor sentiment and the near-term stock market[J]. Journal of Empirical Finance, 2004, 11 (1): 1-27.

[22] Burrell O K. Possibility of an experimental approach to investment studies[J]. The Journal of Finance, 1951, 6(2): 211-219.

[23]Campos J J, Langer A, Krowitz A. Cardiac responses on the visual cliff in prelocomotor human infants[J]. Science, 1970, 170(3954): 196-197.

[24]Chan W S. Stock price reaction to news and no-news: Drift and reversal after headlines [J]. Journal of Financial Economics, 2003, 70(2): 223 - 260.

[25]Chen C W, Pantzalis C, Park J C. Press coverage and stock prices deviation from fundamental value [J]. Journal of Financial Research, 2013, 36 (2) :175-214.

[26]Chen H, De P, Hu Y J, et al. Wisdom of crowds: The value of stock opinions transmitted through social media [J]. Review of Financial Studies, 2014, 27(5): 367-1403.

[27] Chi L P, An - Pin W. Investor sentiment: Customer

satisfaction and stock returns [J]. European Journal of Marketing, 2015, 5(6): 827—850.

[28] Clarkson P M, Joyce D, Tutticci I. Market reaction to takeover rumor in internet discussion Sites [J]. Accounting & Finance, 2006, 46(1): 31—52.

[29] Cohen S. Stanley H. Folk devils and moral panics: The creation of mods and rockers[J]. Routledge, 2002 (2) :380—381.

[30] Cortes C, Vapnik V. Support—vector networks[J]. Machine Learning, 1995, 20(3): 273—297.

[31] Curme C, Preis T, Stanley H E, et al. Quantifying the semantics of search behavior before stock market moves[J]. Proceedings of the National Academy of Sciences, 2014, 111 (32): 11600—11605.

[32] Das S R, Chen M Y. Yahoo! for amazon: Sentiment extraction from small talk on the web [J]. Management Science, 2007, 53(9): 1375—1388.

[33] Davies P L, Canes M. Stock prices and the publication of second—hand information[J]. Journal of Business, 1978, 51 (1): 43—56.

[34] De long J B, Shleifer A, Waldmann R. Noise trader risk in financial markets[J]. Journal of Political Economy, 1990, 98 (4): 703—738.

[35] Diefenback. How good is institutional barker age research [J]. Financial Analyst Journal, 1972(28): 54—60.

[36] DiFonzo N, Bordia P, Rosnow R L. Raining in rumors[J]. Organizational Dynamic, 1994, 23(1): 47—62

[37] Dimpfland S, Jank T. Can internet search queries help to

predict stock market volatility? [J]. European Financial Management, 2016, 22(2): 171−192.

[38] Dougal C, Engelberg J, Garcia D, et al. Journalists and the stock market[J]. Review of Financial Studies, 2012, 25(3): 639−679.

[39] Engelberg J E, Parsons C A. The causal impact of media in financial markets[J]. The Journal of Finance, 2011, 66(1): 67−97.

[40] Fama E F. The behavior of stock−market prices[J]. Journal of business, 1965, 38(1): 34−105.

[41] Fama E F. Efficient capital markets: a review of theory and empirical work [J]. Journal of Finance, 1970, 25 (2): 383−417.

[42] Fama E F, Kenneth R. Common risk factors in the return on stocks and bonds[J]. Journal of Financial Economics, 1993, 33(1): 3−56.

[43] Fang L, Peress J. Media coverage and the cross−section of stock returns [J]. The Journal of Finance, 2009, 64 (5): 2023−2052.

[44] Feldman R, Dagan I. Knowledge discovery in textual databases[J]. KDT, 1995(1): 112−117.

[45] Festinger L. A theory of cognitive dissonance[J]. American Journal of Psychology, 1957, 207(4): 2112−2114.

[46] Fine G A. Rumor trust and civil society: collective memory and cultures of judgment[J]. Diogenes, 2007, 54(1): 5−18

[47] Fisher K L, Statman M. Cognitive biases in market forecasts [J]. The Journal of Portfolio Management, 2000 (27): 72−81.

[48] Forgas J P. Feeling and speaking: Mood effects on verbal communication strategies [J]. Personality and Social Psychology Bulletin, 1999(25): 850-863.

[49] Fox C, Tversky A. Ambiguity aversion and comparative ignorance[J]. Quarterly Journal of Economics, 1995(110): 585-603.

[50] Furedi F. Culture of fear: Risk taking and morality of law expectations[M]. London: London Cassel, Continuum Intl Pub Group, 1997.

[51] Gilchrist S, Himmelberg C, Huberman G. Do stock price bubbles influence corporate investment [J]. Journal of Monetary Economics, 2005(52): 805-827.

[52] Glushkov D. Sentiment beta [D]. Austin: University of Texas, 2006.

[53] Goode E, Nachman B. Moral panics: The social construction of deviance[M]. Oxford: Blackwell, 1994.

[54] Goonatilake R, Herath S. The volatility of the stock market and news[J]. International Research Journal of Finance and Economics, 2007, 3(11): 53-65.

[55] Goyal Vidhan K, Yamada T. Asset price shocks, financial constrain and investment: Evidence from Japan[J]. Journal of Business, 2004, 77(1):175-199.

[56] Grob Klubmann A, Hautsch N. When machines read the news: Using automated text analytics to quantify high frequency news - implied market reactions [J]. Journal of Empirical Finance, 2011, 18(2): 321-340.

[57] Grossman Sanford J, Joseph E, Stiglitz. On the impossibility of informationally efficient markets [J]. The American

Economic Review, 1980, 70(3): 393—408.

[58] Gwallport, Postman L J, The psychology of rumor[J]. H. Holt and company, 1947(9): 1—26.

[59] Hebb D O, Drives. The C. N. S. (conceptual nervous system) [J]. Psychogical Review, 1955(62): 243—254.

[60] Hellwig M F. On the aggregation of information in competitive markets[J]. Journal of Economic Theory, 1980, 22(3): 477—498.

[61] Huang X, Teoh, Zhang S H Y. Tone management[J]. The Accounting Review, 2013, 89(3): 1083—1113.

[62] Huth, Maris. Large and small firm stock price responses to heard on the street recommendations [J]. Journal of Accounting and Auditing, 1992(7): 27—47.

[63] Jegadeesh N, Sheridan T. Returns to buying winners and selling losers: Implications for stock market efficiency[J]. The Journal of Finance, 1993, 48(1): 65—91.

[64] Jiang C Q, Liang K, Chen H, et al. Analyzing market performance via social media: a case study of a banking industry crisis[J]. Science China Information Science, 2014, (57): 1—18.

[65] Jiang C, Liang K, Chen H, et al. Analyzing market performance via social media: a case study of a banking industry crisis[J]. Science China Information Sciences, 2014, 57(5): 1—18.

[66] Kahneman D, Tversky A. Prospect theory: An analysis of decisions under risk[J]. Econometric, 1979(47): 313—327.

[67] Kaniel R, Saar G, Titman S. Individual investor trading and stock returns [J]. The Journal of Finance, 2008 (63):

273—310.

[68] Keynes J M. General theory of employment, interest and money[M]. London: Macmillan, 1936.

[69] Kim S H, Kim D. Investor sentiment from internet message postings and the predictability of stock returns[J]. Journal of Economic Behavior & Organization, 2014, 107: 708—729.

[70] Kim S, Hovy E. Extracting opinion, opinion holders and topics expressed in online news media text[J]. Proceedings of the ACL Workshop on Sentiment and Subjectivity in Text, 2006(2): 1—8.

[71] Kiymaz H. The stock market rumors and stork prices : a test of price pressure and size effect in an emerging market[J]. Applied Financial Economics, 2002, 12(7): 469—474.

[72] Le Roy S, Porter R. The present—value relation: tests based on implied variance bounds[J]. Econometric, 1981, 49(3): 555—574.

[73] Lee C M, Shleifer A, Thaler R H. Investor sentiment and the closed—end fund puzzle[J]. Journal of Finance, 1991, 46(1): 75—109.

[74] Li Q, Lin J J, Li P, et al. Tensor — based learning for predicting stock movements[C]. Proceedings of the 29th AAAI Conference on Artificial Intelligence, 2015.

[75] Li Q, Wang T, Gong Q, et al. Media — aware quantitative trading based on public web information [J]. Decision Support Systems, 2014(61): 93—105.

[76] Li Q, Wang T, Li P, et al. The effect of news and public mood on stock movements[J]. Information Sciences, 2014, 278: 826—840.

[77] Li S, Huang C R, Zhou G, et al. Employing personal impersonal views in supervised and semi - supervised sentiment classification [J]. In Proceedings of ACL, 2010 (3):414—423.

[78] Li X, Xie H, Chen L, et al. News impact on stock price return via sentiment analysis [J]. Knowledge - Based Systems, 2014(69): 14—23.

[79] Ljungqvist A P, Nanda V, Singh R. Hot markets, investor sentiment, and IPO pricing [J]. Journal of Business, 2006 (79): 1667—1702.

[80] Loughran, Tim, Ritter, et al. Initial public offerings: International insights [J]. Pacific - Basic Finance Journal, 2006(2): 165—199.

[81] Loughran, Tim, Mcdonald B. When is a liability not a liability? Textual analysis, dictionaries, and 10 - Ks [J]. Journal of Finance, 2011, 66(1): 35—65.

[82] Luo X, Zhang J, Duan W. Social media and firm equity value [J]. Information Systems Research, 2013, 24(1): 146—163.

[83] Luss R, Spremont A. Predicting abnormal returns from news using text classification [J]. Quantitative Finance, 2015, 15 (6): 999—1012.

[84] Maron M E. Automatic indexing: An experimental inquiry [J]. Journal of the ACM, 1961, 8(3): 404—417.

[85] Maron M E, Kuhns J L. On relevance, probabilistic indexing and information retrieval [J]. Journal of the ACM, 1960, 7 (3): 216—244.

[86] Marshall M. Understanding media: The extensions of man [M]. New York: McGraw—Hill, 1964: 302.

[87] Mathur I, Waheed A. Stock price reactions to securities recommended in business week's inside wall street [J]. Financial Review, 1995, 30(3): 583—604, .

[88] Miller G, Beckwith R. Introduction to wordnet: An online lexical database [J]. International Journal of Lexicography, 1990, 3(4): 234—244.

[89] Moat H S, Curme C, Avakian A, et al. Quantifying wikipedia usage patterns before stock market moves [J]. Scientific Reports, 2013(3): 1—5.

[90] Nguyen T H, Shirai K, Velcin J. Sentiment analysis on social media for stock movement prediction [J]. Expert Systems with Applications, 2015, 42(24): 9603—9611.

[91] Nofsinger J R. Social mood and financial economics [J]. The Journal of Behavioral Finance, 2005, 6(3): 144—160.

[92] Odean T. Are investors reluctant to realize their losses [J]. Journal of Finance, 1998(53): 1775—1798.

[93] Pang Ning Tan, Michael Steinbach, Vipin Kumar. Introduction to data mining [M]. Beijing: Post & Telecom Press, 2014: 156—168.

[94] Patrick J, Sentiment. Stock returns, The SAD anomaly revisited [J]. Journal of Banking and Finance. 2010, 34(6): 1308—1326.

[95] Pontiff Jeffrey. Excess volatility and closed—end funds [J]. The American Economic Review, 1997, 87(1): 155—169.

[96] Pound J, Zeckhauser R. Clearly heard on the street: The effect of takeover rumors on stock prices [J]. Journal of Business, 1990, 63(3): 291—308.

[97] Preis T, Moat H S, Stanley H E. Quantifying trading

behavior financial markets using google trends[J]. Scientific Reports, 2013(3): 1—6.

[98] Qiang Yan, Lan li Yi, Lianren Wu. Human dynamic model co — driven by interest and social identity in microblog community[J]. Physica A — Statistical Mechanics and Its Applications, 2011(391): 1540—1545.

[99] Rechenthin M, Street W N. Using conditional probability identify trends in intra—day high—frequency equity pricing [J]. Physical A: Statistical Mechanics and its Applications, 2013, 392(24): 6169—6188.

[100] Rose. Rumor in the stock market [J]. Public Opinion Quarterly, 1951, 15(3): 461—486

[101] Salton G, Wong A, Yang cornell C S. A vector space model for automatic indexing[J]. Communications of ACM, 1974, 18(11): 613—620.

[102] Salton G, You C T. On the construction of effective vocabularies for information retrieval [J]. ACM Sigplan Notices, 1975, 9(3): 48—60.

[103] Salton G. Extended boolean information retrieval [J]. Cornell University, 1983, 11(4): 95—98.

[104] Sanjiv R Das, Chen Mike Y. Yahoo! for Amazon: Sentiment extraction from small talk on the web [J]. Management Science, 2007, 53(9): 1375—1388.

[105] Scheinkman, Jose, Wei X. Overconfidence and speculative bubbles [J]. Journal of Political Economy, 2003, 111: 1183—1219.

[106] Schumaker R P, Zhang Y, Huang C N, et al. Evaluating sentiment in financial news articles [J]. Decision Support

Systems,2012,53(3): 458-464.

[107]Schumaker R P, Chen H. Textual analysis of stock market prediction using breaking financial news: The AZF in text system[J]. ACM Transactions on Information Systems, 2009,27(2): 12.1-12.19.

[108]Sharpe W F. Capital of asset prices: A theory of market equilibrium under conditions of risk [J]. Journal of Finance,1964(19): 425-442.

[109]Shefrin H, Statman M. Behavioral capital asset pricing theory[J]. Journal of Finance and Quantitative Analysis, 1994(29): 323-349.

[110]Shiller R J. Do stock prices move too much to be justified by subsequent changes in dividends? [J]. American Economic Review,1981(71): 421-436.

[111]Shiller R J. Irrational exuberance[M]. Princeton:Princeton University Press,2000:57.

[112]Shiller R. Conversation, information and herd behavior[J]. American Economic Review,1990,85: 181-185.

[113]Shiller R. Speculative prices and popular models[J]. Journal of Economic Perspectives,1990,42: 55-65.

[114]Shleifer Andrei. Inefficient markets: An introduction to behavioral finance [M]. London: Oxford University Press,2000.

[115]Siganos A, Vagenas-Nanos E, Verwijmeren P. Facebook's daily sentiment and international stock markets[J]. Journal of Economic Behavior & Organization, 2014, 107: 730-743.

[116]Solomon D H. Selective publicity and stock prices[J]. The

Journal of Finance, 2012, 67(2): 599-638.

[117] Spiegel U, Tavor T, Templeman J. The effects of rumors on financial market efficiency[J]. Applied Economics Letters, 2010, 17(15), 1461-1464.

[118] Statman M. Behavioral finance: past battles and future engagements[J]. Financial Analysts Journal, 1999 (55): 18-27.

[119] Tetlock P C. Does public financial news resolve asymmetric information[J]. Review of Financial Studies, 2010, 23(9): 3520-3557.

[120] Tetlock P C. Giving content to investor sentiment: The role of media in the stock market[J]. Journal of Finance. 2007, 62(3): 1139-1168.

[121] Thaler, Johnson. Gambliing with the house money and trying to break even: The effects of prior outcomes on risky choice [J]. Management Science, 1990, 36 (6): 643-660.

[122] Thaler R. Toward a positive theory of consumer choice[J]. Journal of Economic Behavior & Organization, 1980, 1(1): 39-60.

[123] Tversky A, Kahneman D. Availability: A heuristic for judging frequency and probability [J]. Cognitive Psychology, 1973, 5(2): 207-232.

[124] Tversky A, Kahneman D. Judgment under uncertainty: Heuristics and biases[J]. Science, 1974, 185: 1124-1131.

[125] Vapnik V N. An overview of statistical learning theory[J]. Neural Networks IEEE Transactions, 1998, 10 (5): 988-999.

[126] Verma R, Vorma P. Noise trading and stock market volatility [J]. Journal of Multinational Financial Management,2007(17): 231−243.

[127] Von Neumann, Morgenstern J O. Theory of games and economic behavior [M]. Princeton: Princeton University Press,1944.

[128] Woanlih L. Sensitivity to investor sentiment and stock performance of open market share repurchases[J].Journal of Banking & Financing,2016(71): 75−94.

[129] Yang S Y, Mo S Y K, Liu A. Twitter financial community sentiment and its predictive relationship to stock market movement [J]. Quantitative Finance, 2015, 15 (10): 1637−1656.

[130] Zheludev I, Smith R, Aste T. When can social media lead financial markets?[J].Scientific Reports,2014(4): 1−12.

[131] Zweig M. An investor expectations stock price predictive model using closed − end fund premiums [J]. Journal of Finance,1973(28): 67−87.